世界一やさしい

すぐに使える
英会話
超ミニフレーズ
300

山崎祐一
Yamasaki Yuichi

Jリサーチ出版

○→ はじめに

1語フレーズから始めよう

「学校で何年も英語を勉強してきたのに、やっぱり英語は苦手」「とっさに口から英語が出てこない！」「どうしたら英会話ができるようになるの？」——たくさんの人が同じ悩みを持っています。

そんな悩みを一気に解決するのに本書の超ミニフレーズはまさにうってつけです。実際に1～3語で十分通じる英会話表現はたくさんあるのです。そうした日常的によく使う簡単な表現を、少しずつ覚えていきましょう。

子供は、意味がよくわからなくても、大人の言うことを何でも真似して言ってみようとします。そして、覚えたての表現を使って通じると、自分にも会話ができるのだという自信を持ち、話すことの喜びを感じるのです。大人だって全く同じです。この本で覚えた超ミニフレーズをどんどん使ってみましょう。そして、相手がそれを理解して応答してくれたときに、英会話の第一歩が始まるのです。

超ミニフレーズは「英会話の九九」だ

超ミニフレーズはいわば「英会話の九九」に当たります。算数の世界では、私たちは小学校のときに声に出して「九九」を必死で覚えたおかげで、それを応用して2桁、3桁の複雑な掛け算もできるようになりました。

英会話も同じです。英会話の表現をぜんぶ丸暗記することは不可能です。ですが、算数の九九のように英会話の九九——超ミニフレーズを覚えれば、簡単に話すことができるだけでなく、それらを応用して会話の世界を広げていくことができるのです。

　超ミニフレーズはネイティブスピーカーの自然な音声で身につけるようにしましょう。それぞれのフレーズにはカタカナで発音が表記されています。このカタカナ発音は、音のつながりも再現した自然なものになっています。CDも利用して、音の感覚をつかみ、真似をして自分でも発音してみましょう。音のつながりがわかるようになると、リスニングの力も確実についてきます。
　また、超ミニフレーズがどんな場面でどのように使われるのかという「使い方」を知っておくことも大切です。フレーズの持つイメージや、表現の背景などを理解しておくと、実際の会話でスムーズなやり取りができるようになるでしょう。

　本書が、「英会話が苦手」から「英会話ができる」に変わるきっかけになってくれるなら、これほど嬉しいことはありません。
　目標達成に向かって、Go for it!——がんばれ！

山崎 祐一

CONTENTS

はじめに ··· 2
超ミニフレーズの練習法 ································ 8
本書の利用法 ··· 10

Chapter 1 ● スタートしよう
1語フレーズ BEST 50 ···················· 13

BEST 1	**Thanks.** どうも。	14
BEST 2	**Sorry.** ごめん。	16
BEST 3	**Sure.** いいですよ。	18
BEST 4	**Cool!** いいね！	20
BEST 5	**Really?** 本当ですか。	22
BEST 6	**Maybe.** たぶんね。	24
BEST 7	**Anytime.** いつでもどうぞ。	26
BEST 8	**Nothing.** 別に。	28
BEST 9	**Look.** ねえ。	30
BEST 10	**Boy!** いや〜！	32
BEST 11	**Congratulations!** おめでとう！	34
BEST 12	**Cheers!** 乾杯！	36
BEST 13	**Exactly.** その通りです。	38
BEST 14	**Almost!** 惜しい！	40
BEST 15	**Awesome!** すごい！	42
BEST 16	**Definitely!** もちろん！	44
BEST 17	**Certainly.** かしこまりました。	46
BEST 18	**Hopefully.** うまくいけばね。	48

BEST 19	**Impossible!** そんなばかな！	50
BEST 20	**Absolutely.** 必ずそうするよ。	52

BEST 21-25 …… 54　　BEST 26-30 …… 56　　BEST 31-35 …… 58
BEST 36-40 …… 60　　BEST 41-45 …… 62　　BEST 46-50 …… 64

みちくさ講座① 「おもてなし」には言葉で感謝を伝える …… 66

Chapter 2 ● こんなに通じる 2語フレーズ BEST 120 …… 67

BEST 1	**Excuse me.** すみません。	68
BEST 2	**I see.** わかりました。	70
BEST 3	**Go ahead.** どうぞ。	72
BEST 4	**Sounds good!** それはいいね！	74
BEST 5	**Right now.** 今でしょ。	76
BEST 6	**What's up?** 元気？	78
BEST 7	**Take care.** じゃあね。	80
BEST 8	**Not really.** そうでもないよ。	82
BEST 9	**I'm coming.** すぐ行きます。	84
BEST 10	**Help yourself.** どうぞご自由に。	86
BEST 11	**No kidding!** うっそ〜！	88
BEST 12	**How come?** どうして？	90
BEST 13	**Got it.** わかりました。	92
BEST 14	**No way!** まさか！	94
BEST 15	**What's wrong?** どうしたの？	96

BEST 16	**Why not?** いいですよ。	98
BEST 17	**All set!** できた！	100
BEST 18	**Just about.** だいたいね。	102
BEST 19	**No wonder.** どおりで。	104
BEST 20	**It depends.** 場合によります。	106

BEST 21-25 ······108	BEST 26-30 ······110	BEST 31-35 ······112
BEST 36-40 ······114	BEST 41-45 ······116	BEST 46-50 ······118
BEST 51-55 ······120	BEST 56-60 ······122	BEST 61-65 ······124
BEST 66-70 ······126	BEST 71-75 ······128	BEST 76-80 ······130
BEST 81-85 ······132	BEST 86-90 ······134	BEST 91-95 ······136
BEST 96-100 ······138	BEST 101-105 ······140	BEST 106-110 ······142
BEST 111-115 ······144	BEST 116-120 ······146	

みちくさ講座②　レストランでのひと言にもマナーがある ············148

Chapter 3 ● 気持ちが伝わる 3語フレーズ BEST 130 ············149

BEST 1	**Just in case.** 念のため。	150
BEST 2	**Take it easy.** むきになるなよ。	152
BEST 3	**Oh, my goodness!** これはたいへん！	154
BEST 4	**I appreciate it.** ありがとうございます。	156
BEST 5	**Let me see.** ええと。	158
BEST 6	**I'm not sure.** よくわかりません。	160
BEST 7	**How about you?** あなたはどうですか。	162
BEST 8	**That's about it.** だいたいそんなところです。	164

BEST 9	**Cut it out!**	やめてよ！	166
BEST 10	**Go for it!**	がんばれ！	168
BEST 11	**Take your time.**	ゆっくりでいいですよ。	170
BEST 12	**Not at all.**	とんでもないです。	172
BEST 13	**You name it.**	あなたが決めてください。	174
BEST 14	**Might as well.**	そうしてもいいね。	176
BEST 15	**I mean it.**	本気です。	178
BEST 16	**Good for you!**	よくやった！	180
BEST 17	**I doubt it.**	それはどうかな。	182
BEST 18	**What a shame!**	そりゃ残念だ！	184
BEST 19	**Quite a bit.**	かなりですね。	186
BEST 20	**You deserve it.**	当然ですよ。	188

BEST 21-25 ……190	BEST 26-30 ……192	BEST 31-35 ……194
BEST 36-40 ……196	BEST 41-45 ……198	BEST 46-50 ……200
BEST 51-55 ……202	BEST 56-60 ……204	BEST 61-65 ……206
BEST 66-70 ……208	BEST 71-75 ……210	BEST 76-80 ……212
BEST 81-85 ……214	BEST 86-90 ……216	BEST 91-95 ……218
BEST 96-100 ……220	BEST 101-105 ……222	BEST 106-110 ……224
BEST 111-115 ……226	BEST 116-120 ……228	BEST 121-125 ……230
BEST 126-130 ……232		

みちくさ講座③「いらっしゃいませ」は May I help you? と同じ？ ……234

英語さくいん ……235
日本語さくいん ……241

超ミニフレーズの練習法

超ミニフレーズは次の4つのステップで練習しましょう。
しっかりと身につければ、英会話の基礎になり、
さまざまなシーンで活躍するでしょう。

Step 1 ▶ **Step 2**

CDを聞いて音を確認しよう

英会話を習得するときに大切なことは、まず、耳から「英語の音に慣れる」ということです。英語には日本語にない音がたくさんあります。同じフレーズを何度も聞いて、英語の音を自分の「音のレパートリー」にしていきましょう。相手の気持ちを理解しようと一生懸命に耳を傾けることがリスニングのポイントです。

発音練習をしよう

英語の発音で大切なことの1つに「音のつながり」があります。たとえば、「その調子でがんばって」という意味の Keep it up. の発音を［キープ・イット・アップ］のように「ぶつ切り」で覚えると、「通じる発音」は習得できません。［キーピラッ（プ）］というように、音のつながりやどこを強く発音するかを意識しながら、英語らしく、なめらかにリズミカルに発音することが、「通じる発音」への近道です。

Step 3 使い方を理解しよう

英語と日本語では、場面によって表現の使い方や発想のしかたが異なることがあります。超ミニフレーズを覚えるときには、使い方や発想もいっしょに知っておきましょう。英語表現の特徴と使いこなすノウハウを身につければ、超ミニフレーズを使って、相手の気持ちをグッとつかむことができるようになります。

Step 4 何度も音読をしよう

「英会話上手」になるためには、声に出して読む「音読」が有効です。CDを聞き、カタカナの発音表記を見ながら、自分でも声に出して何度も繰り返し言ってみましょう。「音読」なくして英会話の上達はありえません。きれいに発音できるようになれば、その発音は自分の耳も鋭敏にします。つまり、同時にリスニング力も強化できるのです。

本書の利用法

この本は、よく使う1～3語の超ミニフレーズをマスターするためのものです。短いフレーズなので、しっかり練習して、会話で使いこなせるようにしましょう。

BEST 1-20

BEST 10

Help yourself.
どうぞご自由に。

[ヘォピョー**セ**ォフ]

Help の [l] (エル) ではなく、舌を上の歯の裏側に付けるだけです。ですから、[ヘルプ] というよりも [ヘォプ] のように聞こえます。yourself の l も同様で [ヨーセオフ] となります。2語はつながって [ピョー] となります。

❶超ミニフレーズと日本語訳

フレーズには自然な日本語訳をつけました。「フレーズ＝日本語訳」のセットで覚えておきましょう。ただ、フレーズによっては別の意味で使うものもあります（☞「使い方のヒント」参照）。

会話で使おう！

① コーヒーをどうぞ

A: There's some coffee on the table, so help yourself.
B: Thank you.

A: テーブルの上にコーヒーがありますので、どうぞ自由について飲んでください。
B: ありがとうございます。

② パソコンをどうぞ

A: Can I use your PC?
B: Sure. Help yourself.

A: あなたのパソコンを使ってもいいですか。
B: もちろん。どうぞ、ご自由に。

❷発音のしかた

発音記号はわかりやすいようにカタカナで表記しました。また、発音のしかたのポイントを説明しています。この説明をヒントに自分で何度も発音してみましょう。

BEST 21～

BEST 21-25

21 ● 相手のお礼に対して
My pleasure. [マイプレジャー]

❸ 使い方のヒント

超ミニフレーズを上手に使いこなすためのヒントを紹介します。使うべきタイミングや使うときの注意点、日本語とのニュアンスの違いなどを取り上げます。また、表現のバリエーションも紹介しています。

使い方のヒント

来客に対して、「食べ物や飲み物は自由に取ってお召し上がりください」と言うときに使います。クッキーやコーヒーなど、具体的に何かを勧めるときには、Help yourself の後に to を付けて続けます。もしこう言われたら、Thank you. などとお礼を言って、いただきましょう。変に遠慮はしないことです。

また、食べ物以外でも、自分のものを人が使いたいというときに、「どうぞご自由にお使いください」という意味でも使えます。

❹ 会話で使おう

超ミニフレーズを実際の会話で使った例を紹介します。A → B の短いダイアログが場面別に 3 ～ 4 種類あります。

❸ クッキーをどうぞ

A: Help yourself to some cookies.
B: Thanks. They look so good.

- A: クッキーは自由に取って食べてください。
- B: どうも。とてもおいしそうですね。

❺ 表現ワンポイント

超ミニフレーズに組み込まれた単語や語句のさまざまな使い方を紹介します。表現に焦点を当てたミニコラムです。

表現ワンポイント

人に食べ物や飲み物を勧めるときには、Would you like ～? や How about ～? という表現も便利です。Help yourself. と一緒に練習しておきましょう。

Would you like **something to drink?**（何かお飲み物はいかがですか）
How about **another cup of coffee?**
（コーヒーのおかわりはいかがですか）

超ミニフレーズの BEST 21 以降は、リストでシンプルに紹介します。発音のしかたを確認して、自分でも声に出して言ってみましょう。「解説」で使い方のヒントを説明しています。

▶▶ どういたしまして。

解説 You're welcome. と同じように使えます。pleasure は「喜び」という意味です。「私が喜んでしたことですから、お礼には及びません」と考えます。

CDの使い方 🎧CD2

付属CDを使って、練習を進めましょう。CDは次のように使うと効果的です。

❶ 超ミニフレーズの発音を確認しよう

本書ではネイティブスピーカーの発音で収録しています。
音のつながり、変化、強勢の置き方も自然なものです。
何度も聞いて、音の流れを耳で理解するようにしましょう。

❷ 超ミニフレーズを自分で言ってみよう

(英語) → (日本語) → (英語) → (ポーズ) の順番で録音されています。
ポーズのところで自分で声に出して言ってみましょう。

🔊 **Help yourself.**
▼
🔊 **どうぞご自由に。**
▼
🔊 **Help yourself.**
▼
ポーズ ここで言ってみましょう

❸ 会話を聞いてみよう

BEST 1〜20 の超ミニフレーズは「会話で使おう！」のダイアログがすべて収録されています。どんなふうに使われているか、耳で確認しましょう。

Chapter 1 • スタートしよう

1語フレーズ BEST 50

CD 2 〜 CD 24

BEST 1

Thanks.

どうも。

🔊 [**サ**ンクス]

最初の音をカタカナで [サ] と示していますが、本来は上下の歯の間に舌を挟んで、摩擦させる音です。th の音は日本語にない音ですので、繰り返し何度も練習しましょう。

会話で使おう！

❶ お礼の基本

A: Thanks.
B: You're welcome.

(A: どうも。
  B: どういたしまして。)

❷ 贈り物をもらって

A: This is for you.
B: Thanks.

(A: これをあなたに。
  B: どうも。)

1語フレーズ BEST 50

使い方のヒント

　人に何かをしてもらったときに、軽くお礼を言う場合に使うひと言です。Thank you. とほぼ同じですが、若干くだけた言い方ですので使う場面に注意しましょう。

　Thanks. や Thank you. の後に for 〜を付けると、「〜をありがとう」と具体的に何に感謝しているのかを表せます。感謝の理由を加えることによって、より丁寧なお礼の表現になります。

---

❸ 感謝を強く

A: Thanks a lot.
B: No problem.

- **A:** どうもありがとう。
- **B:** いいえ、いいんですよ。

❹ 感謝の理由を添える

A: Thanks for your help.
B: Not at all.

- **A:** 手伝ってくれてありがとう。
- **B:** いいえ、かまいませんよ。

BEST 2

Sorry.

ごめん。

🔊 [**サ**ーリー]

最初の音は［ソ］と［サ］の間くらいの音で発音します。［リー］は、唇を少し丸め、舌を上の歯茎に付けないようにしましょう。

会話で使おう！

① 軽く謝る

A: Sorry.
B: That's all right.

> A: ごめん。
> B: 大丈夫だよ。

② ごめんなさい

A: I'm sorry.
B: Don't worry about it.

> A: ごめんなさい。
> B: 心配ないよ。

1語フレーズ BEST 50

使い方のヒント

I'm sorry. の I'm を省いた言い方です。少しくだけた表現なので、使う場面に注意しましょう。相手に謝られたときには、That's all right.(大丈夫ですよ)や Don't worry about it.(心配いりませんよ)などの表現で返すようにしましょう。

日本語では「すみません」を謝罪の表現としても使いますが、英語で人に道をたずねたりする前に「すみません」と言う場合は、Excuse me. を使います。

❸ 申し訳ございません

A: I'm terribly **sorry**.
B: That's quite all right.

(**A:** 申し訳ございません。
B: 全く大丈夫ですよ。)

❹ 謝罪の理由を添える

A: **Sorry** about that.
B: That's not your fault.

(**A:** それについてはごめんね。
B: 君のせいじゃないよ。)

BEST 3

Sure.

いいですよ。

🔊 [**ショー**(ァ)]

日本人は［シュアー］と発音しがちですが、軽く［ショー(ァ)］と言いましょう。最後の［ァ］は本来［r］の音ですから、舌を奥に引きます。［ショー］と伸ばして［ァ］は聞こえないときもあります。

会話で使おう！

❶ 依頼を受ける

A: Would you take my picture?
B: Sure.

> A: 写真を撮ってもらえませんか。
> B: いいですよ。

❷ お願いに応じる

A: Can you do me a favor?
B: Sure.

> A: お願いがあるのですが。
> B: いいですよ。

1語フレーズ **BEST 50**

使い方のヒント

「写真を撮ってもらえませんか」とか「お願いがあるのですが」など、人に何かを頼まれたときに、「おやすいご用です」「もちろんです」という気持ちで快く引き受けるときのひと言です。

また、お礼を言われた後に、「いやいや、いいんですよ」とか「どういたしまして」のような意味でも使います。You're welcome.[ヨ**ウェ**ォカム]よりも軽い言い方です。

❸ 依頼を受ける

A: Can I talk to you for a few minutes?
B: Sure.

- **A:** 数分お話しできますか。
- **B:** いいですよ。

❹ お礼への応答

A: Thank you very much.
B: Sure.

- **A:** どうもありがとう。
- **B:** いやいや、いいんですよ。

BEST 4

Cool!

いいね！

🔊 [クーォ]

カタカナで［クール］と発音しがちですが、最初の［クー］は、日本語よりも唇を丸めて［ウー］と言う感じで発音します。最後のlの発音は［ル］ではなく、［オ］に近く聞こえます。そのとき、舌先は上の歯の裏側に付いています。

会話で使おう！

① 車を褒める

A: I bought a new car.
B: Cool!

(A: 新車を買ったんだ。
  B: いいね！)

② 料理本を見つけて

A: I've just found a great book on cooking.
B: Cool!

(A: いい料理の本を見つけたよ。
  B: いいね！)

1語フレーズ BEST 50

使い方のヒント

cool は本来「涼しい」という意味で使いますが、1語で使うと、「いいね！」とか「イケてる！」「すてき！」などのように、相手に対するカジュアルな褒め言葉になります。cool は文脈に応じて、「かっこいい」「しぶい」「すごい」などの意味で使えます。似たような単語に neat があります。

That computer is really cool.（あのコンピュータは本当にいいね）のように、cool は物にも使うことができます。

❸ 旅行計画に

A: I'm thinking of visiting France this summer.
B: Cool!

A: 今年の夏、フランスに行こうと考えてるんだ。
B: いいね！

❹ 彼氏がかっこいい

A: Have you met Evelyn's boyfriend?
B: Yeah. He's really cool.

A: エブリンの彼氏に会ったことある？
B: うん。本当にかっこいいよね。

BEST 5

Really?
本当ですか。

🔊 [リーリ ↗]

最初のrの音は口を丸めて［ウ］と言うように発音します。日本語の［ラ］のように舌が上の歯茎に付かないようにします。lの音は、舌先が上の歯の裏側に付きます。rもlも、舌先が上の歯茎に付く日本語のラ行の音とは異なるので比較しながら練習してみましょう。

会話で使おう！

① 赤ちゃんが生まれる

A: Laura is going to have a baby.
B: Really? She must be very happy.

> A: ローラに赤ちゃんが生まれるのよ。
> B: 本当ですか。彼女はとても喜んでいるでしょうね。

② 賞を取った

A: He won first prize!
B: Really? That's wonderful!

> A: 彼は一等賞を取ったよ！
> B: 本当に？ それは素晴らしい！

1語フレーズ BEST 50

使い方のヒント

相手が言ったことに対して、「本当ですか」とか「そうですか」と共感を示すときのひと言です。強く上げ調子で言えば、驚いた気持ちを表しますし、軽く下げ調子で言えば、すでにわかっていることを再確認するようなあいづちの表現になります。

返事に Really? だけでは、英語として言葉数が足りないことがよくあります。軽いあいづちでない限りは、後ろに自分なりのコメントを付け加えると、より心がこもった受け答えになるでしょう。

❸ 旅行をした

A: I went to Australia during the summer vacation.
B: Really? How did you like it there?

> **A:** 夏休みにオーストラリアに行ってきたよ。
> **B:** 本当に？ どうだった？

! 表現ワンポイント

really は「本当に〜です」のように、文中で意味を強調する表現としても使えます。

She is really nice.（彼女は本当にいい人です）
He is really good at basketball.
（彼はバスケットボールが本当に上手です）

BEST 6

Maybe.

たぶんね。

[メィビー]

通常、最初の [メィ] を強く発音します。[メー]と伸ばして発音しないように注意しましょう。

会話で使おう！

① 試験に合格するか

A: Do you think you will pass the test?
B: **Maybe.**

> A: あなたは試験に合格すると思う？
> B: たぶんね。

② 沖縄に行く？

A: Are you going to visit Okinawa next summer?
B: **Maybe.**

> A: 来年の夏は沖縄に行きますか。
> B: たぶんね。

1語フレーズ BEST 50

> **使い方のヒント**
>
> 相手が言ったことに対して、「それはあり得る話だね」と言いたいときにぴったりの表現です。Probably.[プラバブリー]とか Could be.[**クッビー**]とも言えます。
> 　「たぶん無理ですね」とか「たぶん〜ないでしょう」のように、否定的な返事には Maybe not. を使います。また、Maybe. は、たとえば「〜はいかがですか」と食べ物や飲み物を勧められて、「そうですね。いただきます」と言うときの「そうですね」に当たる表現としても使います。

❸ コーヒーをいただく

A: Would you like some coffee?
B: Uh, maybe. I'll have some.

(**A:** コーヒーはいかがですか。
　B: ああ、そうですね。いただきます。)

❹ たぶんしない

A: Do you want to try again?
B: Uh, maybe not.

(**A:** もう一度やってみる？
　B: いや、たぶんしないと思う。)

BEST 7

Anytime.

いつでもどうぞ。

[**エ**ニタイム]

最初の[エ]を強く発音しましょう。any と time を 2 語に分けず、最初にアクセントを置き一気に発音します。

会話で使おう！

① 謝礼への返答

A: Thank you.
B: Anytime.

(A: ありがとう。
  B: いつでもどうぞ。)

② 手伝いをした相手に

A: Thank you for your help.
B: Anytime.

(A: 手伝ってくれてありがとう。
  B: いつでもどうぞ。)

1語フレーズ BEST 50

使い方のヒント

たとえば、人に物を貸してあげたり、手伝ってあげたりした後、その人が Thank you. とお礼を言ってきたときに「またいつでもどうぞ」という意味で使うひと言です。この場合、「どういたしまして」の You're welcome.［ヨウェオカム］や、No problem.［ノウプラブレム］とほぼ同じように使えます。

また、anytime は主語・動詞と一緒に用い、「いつでも〜する」とか「〜するときにはいつでも」のように使うこともできます。

❸ 助けてあげた相手に

A: I really appreciate your kindness.
B: Anytime.

(A: ご親切にしていただき、本当にありがとうございます。
  B: いつでもどうぞ。)

❹ PC をどうぞ

A: May I use your PC?
B: Sure. You can use it anytime you want to.

(A: あなたのパソコンを使ってもいいですか。
  B: いいですよ。使いたいときには、いつでもどうぞ。)

BEST 8

Nothing.

別に。

🔊 [**ナ**ッスィン(グ)]

thi の発音をカタカナで [スィ] と表記していますが、本来は上下の歯の間に舌を挟み摩擦させる音です。[ナッシング] のように thi が [シ] とならないように注意しましょう。最後の g は鼻から抜ける音で、[グ] とはっきり発音しません。

会話で使おう！

① 別に何も

A: What's wrong with you?
B: Nothing.

(A: どうしたの？
  B: 別に。)

② 何もしてない

A: What are you doing?
B: Nothing.

(A: 何をしているの？
  B: 別に何も。)

1語フレーズ BEST 50

使い方のヒント

たとえば、「どうしたんですか」と聞かれて、「いや、別に何でもないです」と軽く答えたいときに使えるひと言です。「特に何も」という意味で、Nothing special. [**ナ**スィン(グ)ス**ペ**シャォ] とか Nothing in particular. [**ナ**スィン(グ)インパ**ティ**キュラ] と言うこともできます。

また、What's up? とか What's new? など、「元気?」という意味の挨拶に対して、「まあね」と気軽に答えるときに使うこともできます。（☞ p.79 参照）

❸ まずまず元気

A: **What's new?**
B: **Nothing.**

(A: 元気？
  B: まあね。)

表現ワンポイント

nothing は「何も～ない」という否定語で、文中でもよく使います。日本語にはこのような 1 語の否定語はないので、初めは使いにくいかもしれませんが、慣れてしまうと、とても便利な言葉になります。

I have nothing to do today. (今日は何もすることがありません)
There is nothing we can do. (私たちにできることは何もありません)

BEST 9

Look.

ねえ。

🔊 [ルック]

lookのlは舌先を上の歯の裏側に付けて発音します。日本語のラ行の音は、舌先が上の歯茎に触れるので、舌先を日本語より少し前に移動させる感じで発音します。

会話で使おう！

❶ 提案するときに

A: Look. Why don't you think about it for a few days?
B: OK. I'll give you my answer next week.

> A: ねえ。2、3日考えてみたら？
> B: わかった。来週、返事をするよ。

❷ 自分の意志を伝えるときに

A: Look. I don't want to do this anymore.
B: All right. I'll ask somebody else to do it.

> A: ねえ。もうこれ以上やりたくないんだけど。
> B: わかった。誰か他の人に頼んでみるね。

1語フレーズ BEST 50

> **使い方のヒント**
>
> 日本語で言うと「ねえ」「ほら」「いいかい?」「あのね」のように、相手に何かを伝える前に軽く付け足す表現です。少し怒りやいら立ちを示すときにもよく使います。
>
> look は本来「視線を向ける」というイメージの語です。「ねえ」と言って、あることに関して、まるで視線を向けるかのように、相手に注意を促すと考えましょう。もちろん Look! と強調して言うと「見て、見て」という意味にもなります。

❸ アドバイスをするときに

A: Look. You'd better start working on the project soon.
B: You may be right.

> A: ねえ。そろそろ、そのプロジェクトに取り組み始めたほうがいいよ。
> B: 君の言うとおりかも。

❹ 怒りを示すときに

A: Look. Don't say things like that to me.
B: Oh, I'm sorry.

> A: ねえ。私にそんなことを言わないで。
> B: ああ、悪かった。

BEST 10

Boy!

いや〜！

🔊 [**ボ**ィ]

日本語でよく言う [ボーイ] のように [ボ] と [イ] の両方を分けてはっきりとは言いません。[ボ] を強く [ィ] は軽く、[**ボ**ィ] と発音します。また、bo を [ボー] と伸ばしすぎないようにしましょう。

会話で使おう！

① 暑い！

A: Boy! It's so hot today.
B: Yeah. Let's have some ice cream.

(A: いや〜！　今日は本当に暑いね。
B: うん。アイスクリームでも食べようよ。)

② 難しい！

A: Boy! This is so difficult.
B: Don't give up. Keep working on it.

(A: いや〜！　これは難しいよ。
B: あきらめないで。努力を続けましょう。)

＊ work on 〜
＝〜に取り組む

1語フレーズ BEST 50

使い方のヒント

boyは普通「少年」という意味で使いますが、「うわ～！」とか「いや～！」など、感嘆を表すときに文の初めによく使うひと言でもあります。ohと一緒に使い、Oh, boy! と言うこともよくあります。

Boy! の後ろには、内容的に悪いことだけではなく、たとえば、Boy, her performance was great!（いや～、彼女の演奏は最高だったよ！）のように、いい内容が続く場合もあります。日本語で、いい内容に対しても「やばいよ！」と言うのに似ています。

❸ 最高！

A: How was Madeline's concert?
B: Boy! Her performance was great!

(A: マデリンのコンサートはどうだった？
  B: いや～！　彼女の演奏は最高だったよ！)

❹ また遅刻！

A: David is late again.
B: Oh, boy! He never keeps his promises.

(A: デイビッドはまた遅刻だよ。
  B: いや～！　彼は本当に約束を守らないね。)

BEST 11

Congratulations!
おめでとう！

🔊 [ク**ン**グラッチュ**レ**ィシュンズ]

語頭は［コン］とはっきり発音せず［クン］に近い音で発音します。また、後ろの tion も［ション］ではなく［シュン］と［シャン］の間くらいの音で発音しましょう。

会話で使おう！

① 結婚した！

A: I finally got married.
B: Congratulations!

A: とうとう結婚したよ。
B: おめでとう！

② 優勝した！

A: We won the championship.
B: Congratulations!

A: 優勝したよ。
B: おめでとう！

1語フレーズ BEST 50

使い方のヒント

人が試験に合格したり、試合に勝ったりしたときに、その人を祝福するときのひと言です。最後に s [ズ] を忘れないようにしましょう。「〜おめでとう！」と祝福の理由を続けるときには、Congratulations on 〜! と言います。

Congratulations! が少々長い単語なので、短縮して Congrats! [クング**ラ**ッツ] というカジュアルな表現もあります。

❸ 昇進おめでとう！

A: Congratulations on your promotion!
B: Thank you.

- **A:** ご昇進おめでとうございます！
- **B:** ありがとうございます。

表現ワンポイント

お祝いの表現には、happy とか celebrate という言葉を使うこともできます。Happy birthday!（お誕生日おめでとう！）は一番わかりやすい例です。Let's celebrate your birthday!（あなたのお誕生日をお祝いしましょう！）とも言えます。

Happy anniversary!（結婚記念日おめでとうございます！）
Let's celebrate her birthday!（彼女の誕生日をお祝いしましょう！）

BEST 12

Cheers!

乾杯！

[チァーズ]

[チ] だけを強く発音します。日本人は [ア] も一緒に強く発音しがちなので注意しましょう。

会話で使おう！

① 乾杯に合わせる

A: Here's to your happiness!
B: Thank you. Cheers!

A: あなたの幸せに乾杯！
B: ありがとう。乾杯！

② 来客と乾杯

A: Thank you for coming tonight. Cheers!
B: Cheers!

A: 今夜はおいでいただきありがとうございます。乾杯！
B: 乾杯！

1語フレーズ BEST 50

使い方のヒント

宴会やパーティーなど、楽しいお酒の席でのひと言です。Here's to ～!(～に乾杯!)とも言います。「グッといきましょう!」と言いたければ、Bottoms up! や Chug it. という表現もあります。(☞ p.122 参照)
　cheer は「～を元気づける」とか「元気づく」という動詞でもあります。ちなみにアメリカではお酒は 21 歳からです。

❸ 健康を祈って

A: Let's drink to our health. Cheers!
B: Cheers!

- A: 私たちの健康を祈って乾杯しましょう。乾杯！
- B: 乾杯！

❹ ビールで乾杯！

A: Cheers!
B: Oh, I love Japanese beer. Let's have another round.

- A: 乾杯！
- B: 日本のビールはうまいね。もう一杯いこう。

BEST 13

Exactly.
その通りです。

[イグ**ザ**ーク(トゥ)リー]

カタカナで[ザ]と書いているところは、本来は[ザ]と[ゼ]の中間くらいで発音します。また、cの後ろのtの音はほとんど消えてしまい、よく聞こえないこともあります。

会話で使おう!

① あなたの言う通り

A: You mean he is a famous pianist?
B: Exactly.

(A: 彼が有名なピアニストだって?
B: その通りです。)

② 請け合う

A: So, you're saying that John is the man who can handle this.
B: Exactly.

(A: じゃあ、これに対処できるのはジョンだとおっしゃるのですね。
B: その通りです。)

1語フレーズ BEST 50

使い方のヒント

「そうです」とか「おっしゃる通りです」のように、相手が言ったことに100％同意するときに使うひと言です。

また、前にnotを付けてNot exactly.とすれば、「そういうわけでもないんです」とか「必ずしもそうではないです」のように、相手の言っていることと自分が思っていることがピッタリ一致していないときの表現になります。

❸ ちょっと違う

A: Is this the one you want?
B: Not exactly.

- **A:** これが君が欲しいものですか。
- **B:** そういうわけでもないんですが（ちょっと違うのですが）。

表現ワンポイント

exactlyは本来「正確に」という意味の言葉ですが、文中で「まさしく」とか「全く」という意味でも使えます。

That's exactly true. (それはまさしく本当です)

This is exactly what I want. (これが私が欲しいものです)

That's exactly what I'm saying. (それがまさに私が言おうとしていることです)

BEST 14

Almost!

惜しい！

🔊 [**オ**ーォモウストゥ]

l は［ル］ではなく、舌先を上の歯の裏側に付け、［オ］のように発音します。mo は［モー］と伸ばさずに［モゥ］と2重母音で発音しましょう。

会話で使おう！

❶ 相手を励ます

A: **Almost!**
B: **I'll try again.**

> A: 惜しい！
> B: もう一度やってみるよ。

❷ もう少しだったのに

A: **Almost!**
B: **I'm sure I'll do better next time.**

> A: 惜しいね！
> B: 今度こそ上手くやるわ。

1語フレーズ BEST 50

使い方のヒント

　たとえば、「もう少しでホームランだったのに」とか「あと1点で満点だったのに」というようなときに使えるひと言です。almost は「ほとんど」という意味です。「ほとんどできていたのに残念！」という感情を表します。

　「惜しい！」は、Almost! のほかに、Close! とか That was close! とも言います。close[クロゥス]は「近い」という意味です。「近くてぎりぎり」ですから「惜しい」ということですね。

❸ ほとんど終わった

A: Are you finished?
B: Almost.

- **A:** 終わりましたか。
- **B:** ほとんどね。

表現ワンポイント

　almost を「ほとんど」という意味で、文の中で使ってみましょう。また、almost は「遅れるところだった」のように「～しそうだ」という意味でも使います。

It took me almost two hours to get there.
（そこに着くのに2時間くらいかかりました）

I was almost late for the meeting. （会議に遅れるところだったよ）

BEST 15

Awesome!
すごい！

🔊 [オーサム]

単語の最初を強く発音しましょう。[オー] または [オー] と [アー] の間くらいの音で発音します。最後の [ム] は軽く口を閉じるだけです。

会話で使おう！

① 試験に合格した人に

A: I passed the test!
B: Awesome!

(A: 試験に合格したよ！
  B: すごい！)

② 昇給した人に

A: I got a raise!
B: Awesome!

(A: 給料が上がったよ！
  B: すごい！)

＊ get a raise
＝ 昇給する

1語フレーズ BEST 50

使い方のヒント

相手が何かすばらしいことを成し遂げたときに、「すばらしい!」「最高だ!」のように褒めてあげるひと言です。もちろん、It was awesome!(すごくよかった)のように文中でも使えます。

褒める表現は、日本語では「すご〜い!」をよく使いますね。それに比べて英語には、Great! や Wonderful! など、褒めるひと言はたくさんあります。英語では言葉でしっかり表現して人を褒めるので、ためらうことなく、褒め言葉を積極的に使いましょう。

❸ 仕事を見つけた人に

A: I finally got the job!
B: Wow! That's totally awesome!

> **A:** とうとう仕事が決まったよ!
> **B:** わ〜! それは本当にすごい!

❹ コンサートの感想

A: How was the concert?
B: It was awesome!

> **A:** コンサートはどうだった?
> **B:** すごくよかったよ!

BEST 16

Definitely!

もちろん！

🔊 [**デ**フィニッ(トゥ)リー]

最初の[デ]を強く発音します。tの音はほとんど消え、小さな[ッ]のようになりlyにつながります。

会話で使おう！

① コンサートに行く

A: Are you going to go to the concert?
B: Definitely!

(A: コンサートに行くの？
  B: もちろん！)

② 迎えに行きます

A: Will you come to meet me at the airport?
B: Definitely!

(A: 空港に迎えに来てもらえますか。
  B: もちろん！)

1語フレーズ BEST 50

使い方のヒント

相手が言ったことに対して、「もちろん！」とか「そのとおり！」と完全に同意したり、強く肯定したりする場合に使います。Of course! と同じ場面で使うことができます。

「もちろん違うよ！」とか「まさか！」と否定するときは Definitely not!〔デフィニッリーナッ〕と、後ろに not を付けます。not を使うと「もちろん〜しない」ということですから、「まさか（そんなことは決してしませんよ）」となるわけです。

❸ 結婚しない！

A: Do you plan to get married to him?
B: Definitely not!

A: 彼と結婚するつもり？
B: まさか！

表現ワンポイント

definitely は動詞と結びついて「確実に〜する」とか「必ず〜する」という意味で、文の中で使われることもあります。

I will definitely come.（必ず行きます）

You definitely need to take a break.
（あなたは本当に少し休む必要がありますよ）

BEST 17

Certainly.

かしこまりました。

🔊 [**サ**ー(トゥ)ンリー]

[サー] を発音するときは、あまり口を開けません。
[サ] と [ス] の間くらいで発音しましょう。[トゥ]
の音は鼻に抜ける音で、聞こえないこともあります。

会話で使おう!

① ワインを注文されて

A: I'd like to have a glass of wine.
B: Certainly.

(A: グラスワインをください。
  B: かしこまりました。)

② チェックインのとき

A: I'd like to check in, please.
B: Certainly.

(A: チェックインをお願いします。
  B: かしこまりました。)

1語フレーズ BEST 50

使い方のヒント

たとえば、飲食店でお客さんが I'd like to have ～. とか Can I have ～?（～をお願いします）と注文したときの丁寧な返事のしかたです。その場合、Very good. とも言います。また、Sure. のように、「いいですよ」という意味でお願いを引き受ける丁寧表現でもあります。

なお、「確かに違います」「もちろん、そうではありません」と否定的な意味で使う場合は、Definitely not. と同じように Certainly not. とします。

❸ 相手のお願いに

A: Could you do me a favor?
B: Certainly. What is it?

> **A:** ひとつお願いをしてもよろしいでしょうか。
> **B:** いいですよ。何でしょうか。

❹ 道を聞かれて

A: Can you tell me the way to the post office?
B: Certainly. Go down this street for two blocks and make a left.

> **A:** 郵便局への道を教えていただけませんか。
> **B:** いいですよ。この道を2ブロック行って、左に曲がってください。

BEST 18

Hopefully.

うまくいけばね。

🔊 [**ホ**ゥプフリー]

カタカナ英語では hope はよく［ホープ］と書きますが、実際の英語は［ホゥプ］と発音します。最後の［リー］は舌先を上の歯の裏側に当てて息を出します。

会話で使おう!

❶ 勝てるかも

A: Do you think you can win?
B: Hopefully.

- A: あなたは勝てると思いますか。
- B: うまくいけばね。

❷ 休暇が取れるかも

A: Can you take leave next week?
B: Hopefully.

- A: 来週、休暇を取れる？
- B: だと思うんだけど。

*leave = 休暇

1語フレーズ BEST 50

使い方のヒント

「〜するんですか」とか「〜できますか」などの質問に対して、「そうならいいと思います」とか「うまくいけばね」と、期待をもって答えるひと言です。Hopefully. は略式のアメリカ英語で I hope so. と同じような意味です。

hopefully は、そもそも「希望をもって」という意味なので、work hopefully（希望をもって仕事をする）のようにも使うことができます。

❸ シェフになりたい

A: Are you going to be a chef after you graduate?
B: **Hopefully.**

A: 大学卒業後は、あなたはシェフになるの？
B: できればね。

* graduate
= 卒業する

! 表現ワンポイント

hopefully は「うまくいけば」とか「できたら」という意味で、文の初めに用いることもあります。

Hopefully, I'll finish it by tomorrow.
（うまくいけば、明日までに終わるでしょう）

Hopefully, I'll arrive before three o'clock.
（うまくいけば、3時前に到着するでしょう）

BEST 19

Impossible!

そんなばかな！

🔊 [ィン**パ**ッスィボォ]

[インポッシブル] という発音にならないように注意しましょう。特に、ssi は [シ] ではなく [ス] と [イ] を素早く同時に発音します。また、語尾の -le は [ル] ではなく、舌先を上の歯の裏側に付けて [オ] のように発音します。

会話で使おう！

① 試合に負けたなんて

A: They lost the game.
B: Impossible!

A: 彼らは試合に負けたよ。
B: そんなばかな！

② 偽物だなんて

A: It's a very good fake.
B: Impossible!

A: それはよくできた偽物だよ。
B: そんなばかな！

＊ fake = 偽物

1語フレーズ BEST 50

使い方のヒント

とんでもないことが起こったときに、「そんなばかな！」「うっそ～！」「ありえない！」と言うのに使います。impossible は possible（可能な）の反意語で、もともと「不可能な」という意味です。「そんなことが起こるなんて不可能だ」と言っているわけですね。映画「ミッション・インポッシブル（Mission Impossible）」もこの発音で言ってみましょう。

Can't be! という言い方もあります。(☞ p.118 参照)

❸ 間違いをおかしたなんて

A: He made a big mistake.
B: Impossible!

> **A:** 彼は大きな間違いをおかしたんですよ。
> **B:** そんなばかな！

! 表現ワンポイント

「できますか」と聞かれて、できそうにないときに That's difficult.（難しいです）と言ってしまうと、「難しいけれどもできます」という意味に取られてしまいます。そんなときは、はっきり断るのが英語流です。

Sorry. That's not possible.（すみませんが、できません）

It's impossible to finish this in an hour.
（これを１時間で終わらせることは不可能です）

BEST 20

Absolutely.
必ずそうするよ。

🔊 [アブソ**ル**ーッ(トゥ)リー]

最初の[ア]は、[ア]と[エ]の間くらいで発音します。lの音は舌を上の歯の裏側に付けます。tの音は消えてしまい、小さな[ッ]のように聞こえます。

会話で使おう!

① 必ず行きます

A: Can you come to the party tomorrow?
B: Absolutely.

(A: 明日パーティーに来られますか。
  B: 必ず行きますよ。)

② 強く同意する

A: Do you really think so?
B: Absolutely.

(A: 本当にそう思う?
  B: 絶対にそう思うよ。)

1語フレーズ BEST 50

使い方のヒント

「〜してほしい」とか「〜してもらえませんか」と言われたときに、強く肯定して答えるひと言です。absolutely は「絶対に」とか「全く」という意味ですから、「絶対に〜するよ」ということですね。

Absolutely. は1語で「全くその通りです」という意味でも使います。また、否定語の not を付けて Absolutely not. とすると、「もちろん違いますよ」とか「とんでもない」という意味になります。

❸ 絶対しない

A: Are you going to cancel the appointment?
B: Absolutely not.

A: 約束をキャンセルするんですか。
B: とんでもない。

表現ワンポイント

absolutely を、文の中で「絶対に」「全く」「本当に」という意味で使ってみましょう。

You are absolutely right. (君は全く正しいよ)

This soup is absolutely delicious.
(このスープは本当においしいですね)

BEST 21-25

21 ● やって来た人に
Welcome. [ウエォカム]

22 ● 話の切り出しに
Now. [ナゥ]

23 ● 同意する
Right. [ライ(トゥ)]

24 ● しくじったときに
Shoot! [シュー(トゥ)]

25 ● ためらう
Well. [ウエォ↗]

1語フレーズ BEST 50

▶▶ いらっしゃい。

解説 Welcome to Japan. とすれば「日本へようこそ」、Welcome back. とすれば出張などから帰ってきた人に対して「お帰りなさい」となります。

▶▶ さて。

解説 now は「今」という意味だけではありません。話の切り出しや切り替えのために、文の初めに使うひと言でもあります。

▶▶ そうです。

解説 That's right. や You're right. の That's や You're を省略した形です。文の最後を上げ調子で Right?↗ と発音すれば、「〜、でしょう？」と確認する表現になります。

▶▶ しまった！

解説 何かをしくじったときに使う言葉です。Shit!（くそっ！）の間接的な言い方です。

▶▶ そうですねえ。

解説 人から質問をされて、すぐに答えられず、「ええと」と少しためらいを示す表現です。また、「さて」のように話を切り替えるときにも使える便利なひと言です。

BEST 26-30

26 ● 強く褒める
Excellent!
[エクセレン(トゥ)]

27 ● 強く褒める
Superb!
[スパーブ]

28 ● 無関心を示す
Whatever.
[ワレヴァー]

29 ● 言い聞かせる
See?
[スィー↗]

30 ● 早さに驚く
Already?
[オーレディー↗]

1語フレーズ BEST 50

▶▶ すばらしい！

解説 Good! よりもさらに強い褒め言葉です。人の行為や状況などに使います。また、「それで結構ですよ」と快く承諾するときにも使います。

▶▶ お見事！

解説 Excellent! と同じように、優秀で立派な行為に対する褒め言葉として使うひと言です。アクセントは単語の後ろのほうにあります。per の発音は［パー］と［プー］の間くらいの音です。

▶▶ どうでもいいよ。

解説 たずねられたことに対して無関心さを表すときの表現です。たとえば、「今日がいい？　それとも明日がいい？」と聞かれて、「どちらでも」と言いたいときに使います。

▶▶ わかるかい？

解説 「見てごらん、やっぱりそうだろう？」とか「ほらね、私が言った通りでしょう？」と、相手に言い聞かせるときに使います。

▶▶ もう？

解説 「もうですか」とか「まさかこんなに早く？」のように、相手の仕事の速度や進捗状況などについて、驚きや意外な気持ちを表します。

BEST 31–35

---

31 ● パートナーへの呼びかけ
Honey! [ハニー]

---

32 ● 褒める
Amazing! [ア**メ**イズィン]

---

33 ● 痛いとき・同情にも
Ouch! [**ア**ウチ]

---

34 ● 軽い驚き
Gee! [ジー]

---

35 ● やめてほしい
Please! [プリーズ]

1語フレーズ BEST 50

▶▶ あなた！

解説 夫婦や恋人同士で使う呼びかけの言葉です。男性が女性に使っても、女性が男性に使ってもOKです。Sweetheart! や Dear! も使えます。

▶▶ たいしたものだ！

解説 たとえば、人の行為や技術が「驚くほどすごい」ということです。Awesome! や Excellent! などと同様、褒め言葉としてよく使います。（☞ p.42、56 参照）

▶▶ 痛いっ！

解説 突然身体に痛みを感じたり、いきなり熱いものに触って反射的に声を出すときのひと言です。「あらまあ」とか「それはそれは」のように、相手の言ったことに同情するときにも使います。

▶▶ うわ〜！

解説 軽い驚きを表します。Jesus［ジーザス］も「たいへんだ！」とか「ちくしょう！」という意味で使いますが、キリストの名前なので、悪い意味では使いたがらない人もいます。

▶▶ いい加減にしてよ！

解説 「お願いします」とか「どうぞ」という意味で丁寧表現としても、もちろん使いますが、強い口調で言うと「お願いだからやめてよ！」という意味になります。

BEST 36-40

36 ● 公算が高いとき
Probably. [プラバブリー]

37 ● 出かける人に
Enjoy! [エンジョイ]

38 ● 人前で披露する
Ta-da. [タダー]

39 ● 快く同意する
Perfect! [パーフェク(トゥ)]

40 ● 同じことを繰り返す相手に
Again? [アゲン↗]

1語フレーズ BEST 50

▶▶ おそらく。

解説 「たぶん」とか「おそらく」の意味では、maybe や possibly が若干消極的に聞こえるのに対して、probably は「十中八九は」のように、公算が高く積極的な意味合いを持ちます。

▶▶ 楽しんできてね！

解説 出かける人に対して「楽しんでください」と言うときのひと言です。また、パーティーで食べ物や飲み物などを「さあ、どうぞ」と勧めるときにも使います。

▶▶ じゃじゃーん。

解説 人前で何かを披露するときに使う表現です。日本語と同じように似た音を繰り返す表現は英語にもたくさんあります。たとえば、ドアのチャイムの「ピンポーン」は、英語では ding-dong［ディンドーン］です。

▶▶ 申し分ないね！

解説 相手が言ったことに対して、「それは理想的です」とか「完璧なアイデアですね」などと、快く同意するときのひと言です。per は［パー］と［プー］の間くらいの音で発音しましょう。

▶▶ また？

解説 たとえば、昨日一緒に夕食を取った人が、今日も同じものを食べたいと言ったときに、「また？ それ、昨日も食べたよ」などと返すときに使います。

BEST 41-45

41 ● 例を挙げる
say ... [セィ]

42 ● 了解するとき
Okay. (OK.) [オゥケイ]

43 ● 驚きや疑いを示す
Never! [ネヴァ]

44 ● 話題を変える
Anyway ... [エニウェイ]

45 ● 間違ったとき
Oops. [ウーップス]

1語フレーズ BEST 50

▶▶ たとえば…

解説 Let's meet tomorrow, say, at two o'clock?（明日会おうよ、たとえば2時とかはどう？）のように、挿入的に「たとえば」とか「だいたい」という意味で文の途中で使います。

▶▶ 承知しました。

解説 日本語の「オーケー」は「わかった」という意味で親しい人にだけ使いますが、英語では、「かしこまりました」など比較的かしこまった場面でも使います。発音は〔オーケー〕とは伸ばさないようにしましょう。

▶▶ とんでもない！

解説 相手が言ったことに対して驚きや疑いを表しながら否定するひと言です。また、I want to do it again? Never!（もう一度やりたいかって？冗談じゃない！）のように、自分の発言を否定するときにも使います。

▶▶ それはそうと…

解説 話題を変えて本題に戻りたいときに文頭でよく使います。また、何かを言った後で「それはそれとしてね」とか「まあ、それはそれでいいんだけどさ」のように、文末に付け足すこともあります。

▶▶ おっと。

解説 「あらら」とか「しまった」など、自分や相手がおかした間違いに対して、残念な気持ちや軽い驚きを表すときのひと言です。

BEST 46-50

46
● 驚き・不快を表す
Gosh! [ガーシュ]

47
● 繰り返してほしいとき
Pardon? [パー(ドゥ)ン↗]

48
● 感激したとき
Terrific! [テリフィック]

49
● 肯定・同意のあいづち
Uh-huh. [アハー↗]

50
● 驚きを表す
Unbelievable! [アンブリーヴァボォ]

1 語フレーズ BEST 50

▶▶ これはたいへん！

解説 Oh, my goodness! や Oh, my gosh! とも言います。驚きや不快を表すひと言です。(☞ p.154 参照)

▶▶ もう一度言ってもらえませんか。

解説 Excuse me?↗ とか I'm sorry?↗ と上げ調子で発音すれば、同じような意味になります。d 音は鼻にかかり、聞こえないときもあります。Pardon me?↗ とも言えます。

▶▶ ものすごくいいよ！

解説 すばらしい出来事に感激したときに使うひと言です。人に誘われて、「ありがとう。嬉しいな！」などと返事としても使います。

▶▶ うん。

解説 「ええ」とか「なるほど」など、相手が言ったことに対して肯定したり、同意したりするときに使うあいづちの表現です。

▶▶ 信じられない！

解説 「(信じられないくらい) すばらしい」という意味でも使います。believe は [リー] にアクセントがあるので、[ビリーヴ] の [ビ] は [ブ] に聞こえます。Incredible! [インクレダボォ] という表現もあります。

みちくさ講座 ❶

「おもてなし」には言葉で感謝を伝える

　日本の小学校では、給食を食べるとき、子供たちはみんな声をそろえて「いただきま〜す！」と言いますが、アメリカの小学校では、知らないうちにみんな食べ始めています。食べ方も文化によってさまざまですね。

　英語には「いただきます」という表現はありませんので、It looks delicious!（美味しそう！）や You're such a good cook!（お料理が上手ですね！）と言って、料理してくれた人に感謝の意を伝えます。また、英語は「ごちそうさま」の代わりに、It was a wonderful dinner!（すばらしい夕食でした！）など、「おもてなし」に対して言葉で直接お礼を言います。

　アメリカでは、人にビールをついであげたり、食べ物を取り分けてあげたりする習慣はあまりありません。パーティーなどでも、日本の「おもてなし」とは異なり、Help yourself.（☞ p.86 参照）と言って自由に取って飲んだり食べたりするのが気楽な時間の過ごし方なのです。

Chapter 2 ・ こんなに通じる

2語フレーズ
BEST 120

CD 25 〜 CD 54

BEST 1

Excuse me.
すみません。

[エクス**キュー**ズミー]

よく知っているようで、日本人にとっては意外と難しい発音です。[エクス] の [ク] の音は、[k] の子音だけです。[ku] と母音を入れないようにします。[キュー] を強く発音し、最後は下げ調子です。文全体の発音が平板にならないように注意しましょう。

会話で使おう！

❶ トイレの場所を聞く

A: **Excuse me.** Where are the restrooms?
B: They are at the end of the hall.

A: すみません。お手洗いはどちらですか。
B: 廊下の突き当たりです。

＊ hall ＝ 廊下

❷ 道を聞く

A: **Excuse me.** How do I get to Toko Bank?
B: Just go down this street for three blocks. It's next to the coffee shop.

A: すみません。東興銀行はどうやって行ったらいいかご存知ですか。
B: この通りを3ブロック行ったところです。喫茶店の隣ですよ。

2語フレーズ BEST 120

使い方のヒント

見知らぬ人に道をたずねたり、人に質問したりする前に使うひと言です。また、混み合っているエレベーターや電車を降りるときや、人混みをかき分けて通り抜けるときに、「失礼します」という意味で使います。日本人は無言で手刀を切って通り過ぎる人も多いようですが、英語では必ず言葉で表します。

くしゃみをしたときにも、周りの人にひと言 Excuse me. と言いましょう。

❸ 時間を聞く

A: Excuse me. Do you have the time?
B: Yes. It's 4:15.

> A: すみません。今何時かわかりますか。
> B: はい。4時15分です。

❹ 質問の許可を得る

A: Excuse me. May I ask you a question?
B: Sure. What is it?

> A: すみません。質問してもよろしいですか。
> B: いいですよ。何ですか。

BEST 2

I see.
わかりました。

[ァィ**スィー**]

see は日本語のサ行の音の［シー］ではなく、［スィー］と発音します。発音が難しく感じられる場合は、［ス］と［イ］を別々に発音しながら、徐々に速くしていきます。そうすれば、最後は［ス］と［イ］を同時に［スィ］と発音できるようになります。

会話で使おう！

① ヒーターのつけかた

A: Press this button to turn on the heater.
B: I see. Thank you.

(A: ヒーターをつけるときには、このボタンを押してください。
 B: わかりました。どうも。)

② 会えないと言う相手に

A: I can't see you today because I'm busy.
B: I see. Maybe some other time, then.

(A: 今日は忙しくてお会いできないんですよ。
 B: わかりました。じゃあ、また別の機会に。)

2語フレーズ BEST 120

使い方のヒント

相手が話す言葉の後に、「わかりました」「そうですか」「なるほど」という意味で、空白を埋める軽いあいづちとしてよく使われます。「私は (I) 見える (see)」ということは、「(あなたの言っていることが見えるように) よくわかる」ということです。

日本語のあいづちのように、「はい…はい…」のつもりで、相手が言ったことに対して Yes … Yes … と言ってしまうと、相手に同意していると勘違いされることがあるので注意しましょう。

❸ 起業したい人に

A: That's why I want to quit my job and start my own business.

B: I see. Well, good luck!

* That's why 〜
= だから〜なのです。

A: だから、私は仕事を辞めて起業したいんです。
B: なるほど。がんばってください!

表現ワンポイント

I see の後ろに what や why などの疑問詞を用い、「〜がわかる」という意味で使うこともできます。

I see what you mean.（おっしゃっていることはわかります）

I don't see why he is so mean to everybody.
（彼はなぜそんなにみんなに対して意地悪なのかわかりません）

BEST 3

Go ahead.
どうぞ。

🔊 [ゴゥアヘッ(ドゥ)]

go は［ゴー］ではなく［ゴウ］となり、ahead の head の部分を強く発音します。d は小さな［ッ］のようになり、聞こえないときもあります。

会話で使おう！

① 相手を先に通す

A: Go ahead.
B: Thank you.

(A: お先にどうぞ。
  B: ありがとう。)

② 許可を与える

A: Can I see your album?
B: Go ahead.

(A: あなたのアルバムを見てもいいですか。
  B: どうぞ。)

2語フレーズ BEST 120

使い方のヒント

ドアやエレベーターなどで、人を先に通してあげたり、行かせてあげたりするときに「どうぞお先に」という意味で使う便利な表現です。ahead は「先に」という意味です。

また、Go ahead. は、「〜してもいいですか」と許可を求める質問に対して、「遠慮なくどうぞ」という意味でも使います。意味を強調して Go right ahead. [ゴウライラヘッ] と言うこともできます。

③ 進行をうながす

A: The food smells so good!
B: Go ahead and start eating.

A: 料理はとてもいい匂いですね。
B: どうぞ、食べ始めてください。

④ 遠慮なくどうぞ

A: May I use the telephone?
B: Sure. Go right ahead.

A: 電話をお借りできますか。
B: いいですよ。遠慮なくどうぞ。

BEST 4

Sounds good!
それはいいね！

🔊 [サウンヅ**グ**ッ(ドゥ)]

「いい」ということを強調するわけですから、good を強く発音します。good は[グッド]ではなく [グッ] となり、最後の d は聞こえないこともあります。

会話で使おう！

① 昼食の誘いに

A: Would you like to join me for lunch?
B: Sounds good!

> A: 昼食をご一緒にいかがですか。
> B: いいですね！

② 映画に誘われて

A: Let's go to see a movie.
B: Sounds good!

> A: 映画を観に行こう。
> B: いいね！

2語フレーズ BEST 120

使い方のヒント

相手の誘いを快く受けたり、提案に強く同意したりするときに使うひと言です。相手のコメントにポジティブな反応をするときにも使います。文頭に That が省略されています。sound は「聞こえる」という意味の動詞で、「(あなたが言ったことは) よく聞こえる」ということですから、「それはいいね!」となります。

誘いや提案に対する応答としては、Sounds like a good idea. (それはいい考えですね) と言うこともできます。

❸ パーティーの招待について

A: Why don't you invite Bob to the party?
B: Sounds good! I will.

A: ボブをパーティーに招待したらどう?
B: それはいいね! そうするよ。

❹ ハワイに行く人に

A: I'm going to Hawaii next week.
B: Sounds good! Have fun.

A: 来週、ハワイに行くんだ。
B: それはいいね! 楽しんできてね。

BEST 5

Right now.
今でしょ。

🔊 [ゥリッナゥ]

right の r は口を丸めて［ウ］と言うように発音します。日本語の［ラ］のように舌が上の歯茎に付かないように注意してください。right の t は小さな「ッ」のようになり now につながります。

会話で使おう！

❶ いつやるか

A: When are you going to do it?
B: Right now.

(A: いつやるの？
  B: 今でしょ。)

❷ 席を外している

A: May I speak to Emily?
B: She is not here right now. Can I take a message?

(A: エミリーさんはいらっしゃいますか。
  B: 彼女は今ちょうど席をはずしています。何かお伝えしておきましょうか。)

2語フレーズ BEST 120

使い方のヒント

right を付けることによって、now（今）の意味を強調します。他のときではなく「行動を起こすのは今なんです」、「今しかありません」、「今でしょ」と言いたいときに最適です。時を示して「すぐに」というイメージです。また、位置を示して「ちょうど〜」と場所の意味を強めることもできます。たとえば right here は「ちょうどここ」となります。

ちなみに「今でしょ」は Now is the time. とか The time for action is now. とも言えます。

❸ 今はけっこうです

A: How about another beer?
B: Not right now, thank you.

A: ビールをもう1杯いかがですか。
B: 今はけっこうです、どうも。

表現ワンポイント

right は「すぐ〜」とか「ちょうど〜」など、次に続く言葉を強調したいときにとても便利な言葉です。now 以外の言葉と一緒に使ってみましょう。

Wait right here until I come back.
（私が戻って来るまでここで待っていてね）

My house is right across the street.
（僕の家はちょうど通りを渡ったところです）

BEST 6

What's up?

元気？

🔊 [ワッ**ツァ**ッ(プ) ↘]

What's と up をつないで発音しましょう。2語をつないだまま、up を強く発音します。up の p の音はほとんど聞こえず、小さな [ッ] のように発音されます。時には、[ワッ] も聞こえず、[ツアッ(プ)] だけが聞こえるときもあります。

会話で使おう！

① 元気だ

A: What's up?
B: Nothing.

(A: 元気？
  B: 元気だよ。)

② まあまあ

A: What's up?
B: Nothing much.

(A: 調子はどう？
  B: まあまあね。)

2語フレーズ BEST 120

使い方のヒント

英語のあいさつ表現はたくさんあります。一般的な表現は How are you? ですね。What's up? は「元気?」「調子はどう?」というカジュアルなあいさつです。How are you? には Fine. や I'm good. と答えますが、What's up? と聞かれた場合は、特に何も特別なことがない限りは Nothing. とか Nothing much. とか Not much. (特に何もないよ) と答えます。

what を使ったあいさつは、他にも What's going on?、What's happening? などがあります。

---

❸ 特に何も

A: **What's up?**
B: **Not much. How about yourself?**

(A: どうですか。
  B: 特に何も。あなたはいかがですか。)

❹ どうしたの?

A: **What's up?** You look sick.
B: **I think I ate too much.**

(A: どうしたの? 体調悪そうだけど。
  B: ちょっと食べすぎたみたい。)

BEST 7

Take care.
じゃあね。

🔊 [ティッケァ]

take [ティク] は [ク] という k 音で終わり、care [ケァ] は [ケ] という k 音で始まるので、両方の k 音がくっついて、小さな「ッ」のようになります。日本語で「学 [ガク]」と「校 [コウ]」がくっついて「学校 [ガッコウ]」と発音されるのと同じです。

会話で使おう!

① 別れるとき

A: Take care.
B: You, too.

- A: じゃあね。
- B: じゃあ。

② おいとまする人に

A: I think I have to go now.
B: Take care.

- A: もう行かないといけません。
- B: 気をつけて。

2語フレーズ BEST 120

使い方のヒント

「じゃあね」とか「またね」のような気軽に使う別れのあいさつです。See you. と同じような場面で使えますが、take care は本来、「世話をする」という意味なので、「自分の面倒を見る」、つまり「気をつけて」とか「ご自愛ください」という意味が込められています。

Take care when 〜とすれば、「〜するときには気をつけてね」となります。Take care. と言われたら、You, too.(あなたもね)と返しましょう。

❸ また明日と言われて

A: **See you tomorrow.**
B: **OK. Take care.**

- A: 明日会いましょう。
- B: わかりました。じゃあ。

❹ 気をつけて

A: **Take care when you drive.**
B: **I will. Thank you.**

- A: 運転するときには気をつけてね。
- B: そうします。ありがとう。

BEST 8

Not really.

そうでもないよ。

🔊 [**ナ**ッ**リ**ーリー]

Notは口の大きい［ア］で発音します。tはほとんど聞こえないので、小さい［ッ］のようになります。reallyのrは口を丸めて舌先を上の歯茎に付けないようにします。lは舌先を上の歯の裏側に付けます。［リアリー］とか［レアリー］ではなく、［リーリー］と伸ばして発音しましょう。

会話で使おう！

① 空腹かと聞かれて

A: Are you hungry?
B: Not really. How about you?

A: おなか減った？
B: そうでもないよ。君は？

② 値段を聞かれて

A: Was it expensive?
B: Not really.

A: その値段は高かったんですか。
B: そうでもないですよ。

2語フレーズ BEST 120

使い方のヒント

相手が言ったことに対して、全部は同意や肯定ができないときに使います。really は「本当に」とか「とても」という意味なので、それを否定して「とても〜ではない」、つまり「そうでもないよ」となるわけです。また、「それほどでもないですよ」と謙遜するときにも使える便利な表現です。

類似表現で、Not quite.（全くそうとは限りません）や、Not necessarily.（必ずしもそうではありません）など、部分的に否定する表現があります。

❸ 野菜が好きかと聞かれて

A: **Do you like vegetables?**
B: **Not really.**

- A: 野菜は好きですか。
- B: そうでもないですよ。

❹ 料理の腕前を聞かれて

A: **You are a good cook, right?**
B: **Not really.**

- A: 料理がお上手なんでしょう？
- B: それほどでもないですよ。

BEST 9

I'm coming.
すぐ行きます。

🔊 [アイム**カ**ミン]

coming の [カ] を強く発音します。最後の g は軽く鼻から抜ける音で、[カミング] とはならず、[カミン] と聞こえます。[カミン] の [カ] は口を大きく開けすぎず、中くらいに開けて発音します。

会話で使おう！

① 手伝ってほしい人に

A: Jim, I need your help!
B: OK. I'm coming.

(A: ジム、ちょっと手伝って！
  B: わかった。すぐ行くよ。)

② 相手のオフィスに

A: Nancy, can I talk to you in my office now?
B: Sure. I'm coming.

(A: ナンシー、私のオフィスで今話ができる？
  B: いいよ。すぐに行く。)

2語フレーズ BEST 120

使い方のヒント

人に呼ばれて、その人のところにすぐ駆けつけることを伝えるときの表現です。日本語では「すぐ行きます」と言いますが、英語では「行く」の go ではなく「来る」の come を使います。相手の立場に立てば「来る」ということになるわけですね。ですから、「あなたのところ（家）に行きます」と言いたいときも I'll come to your place. のように come を使います。

「彼のところ」や「学校」など、第三者のところに行く場合には、もちろん go を使います。

❸ 夕食ができて

A: Dinner is ready!
B: I'm coming!

A: 夕食の準備ができたよ！
B: すぐ行くよ！

表現ワンポイント

「すぐ行きます」という意味の表現は他にもいくつかあります。日本語には敬語があるので、「行く」と「参る」という区別をしますが、英語ではそのような区別はなく、どのような場面でも使うことができます。

I'll be right there.（すぐにそちらに参ります）
I'm on my way.（すぐに参ります）
I'll be with you in a second.（すぐ行きます）

BEST 10

Help yourself.
どうぞご自由に。

🔊 [ヘォピョー**セ**ォフ]

HelpのLは［ル］ではなく、舌を上の歯の裏側に付けるだけです。ですから、［ヘルプ］というよりも［ヘォプ］のように聞こえます。yourselfのLも同様で［ヨーセォフ］となります。2語はつながって［ピョー］となります。

会話で使おう！

① コーヒーをどうぞ

A: There's some coffee on the table, so help yourself.
B: Thank you.

> A: テーブルの上にコーヒーがありますので、どうぞ自由についで飲んでください。
> B: ありがとうございます。

② パソコンをどうぞ

A: Can I use your PC?
B: Sure. Help yourself.

> A: あなたのパソコンを使ってもいいですか。
> B: もちろん。どうぞ、ご自由に。

2語フレーズ BEST 120

使い方のヒント

来客に対して、「食べ物や飲み物は自由に取ってお召し上がりください」と言うときに使います。クッキーやコーヒーなど、具体的に何かを勧めるときには、Help yourself の後に to を付けて続けます。もしこう言われたら、Thank you. などとお礼を言って、いただきましょう。変に遠慮はしないことです。

また、食べ物以外でも、自分のものを人が使いたいというときに、「どうぞご自由にお使いください」という意味でも使えます。

❸ クッキーをどうぞ

A: **Help yourself** to some cookies.
B: Thanks. They look so good.

- **A:** クッキーは自由に取って食べてください。
- **B:** どうも。とてもおいしそうですね。

表現ワンポイント

人に食べ物や飲み物を勧めるときには、Would you like 〜？や How about 〜？という表現も便利です。Help yourself. と一緒に練習しておきましょう。

Would you like something to drink?（何かお飲み物はいかがですか）
How about another cup of coffee?
（コーヒーのおかわりはいかがですか）

BEST 11

No kidding!
うっそ〜！

🔊 [ノゥ**キ**ディン]

No は［ノー］と伸ばさずに［ノウ］となります。kidding の最初を強く発音します。kidding は［キリン］と d の音がラ行の［リ］のように聞こえるときもあります。

会話で使おう！

❶ 結婚の話を聞いて

A: Greg and Masami got married.
B: No kidding!

(A: グレッグとマサミが結婚したよ。
  B: うっそ〜！)

❷ マンションを買った人に

A: I bought a condominium in Hawaii.
B: No kidding!

(A: ハワイに分譲マンションを買っちゃったよ。
  B: うっそ〜！)

*condominium = 分譲マンション

2語フレーズ BEST 120

使い方のヒント

信じられないことを人から聞いて、「うっそ～！」「まさか！」「冗談はやめてよ！」と言いたいときに使います。kid は「冗談を言う」という意味の動詞です。

「うそ」は英語で lie。でも、「うそでしょう」と軽い気持ちで You are lying! とか Don't lie! と言ってしまうと、相手にはかなりきつく聞こえるので気をつけましょう。

こちらが「冗談だよ」と笑顔で軽く言う場合は、I'm just kidding. です。(☞ p.208 参照)

③ 仕事を辞めた人に

A: I quit my job.
B: No kidding!

A: 仕事を辞めたんですよ。
B: うそでしょう！

表現ワンポイント

他の類似表現も練習してみましょう。たとえば You must be joking! は、「あなたは冗談を言っているに違いない」、つまり「ご冗談でしょう」ということになります。Get out of here! (ここから出て行け！) は、「うそつけ！」という意味でも使います。

Come on! You must be joking! (またまた。冗談でしょう！)
Get out of here! (うそつけ！)

BEST 12

How come?

どうして？

[ハゥ**カ**ムゝ]

come を強く発音します。come の最初の［カ］は口を大きく開けすぎずに中くらいに開け、［ム］は口を閉じるだけです。最後は下げ調子で発音しましょう。

会話で使おう！

① 一緒に行けない

A: I can't go with you today, Mike.
B: How come?

A: マイク、今日は一緒に行けないの。
B: どうして？

② カップルが破局

A: Bill and Jane broke up last week.
B: How come?

A: ビルとジェーンが先週別れちゃったよ。
B: どうして？

2語フレーズ BEST 120

使い方のヒント

「なぜですか?」と聞くときに Why? の代わりに使える口語表現です。How come? は強い驚きを表したり、時には不満を表す場合もあります。

　How come? は、後ろに主語と動詞が続くこともあります。Why? と違って疑問文の語順にはせず、そのまま「主語 + 動詞」の順番にします。たとえば、Why are you crying? は、How come you are crying? となります。この場合、How を come よりも強く発音します。

❸ 映画が好きでない

A: I don't like the movie very much.
B: **How come?**

A: その映画はあまり好きじゃないの。
B: どうして?

❹ 理由をたずねる

A: **How come** you are so hungry?
B: Because I didn't have lunch today.

A: あなたはどうしてそんなにお腹が減っているの?
B: 今日はお昼ご飯を食べていないから。

BEST 13

Got it.
わかりました。

🔊 [**ガ**ーリッ(トゥ)]

Got と it をつないで発音します。Got は口の大きい [ア] で強く発音します。つなぐ部分はラ行の [リ] のように聞こえます。最後の t は小さい [ッ] のようになりほとんど聞こえません。

会話で使おう！

① ファイルする

A: Could you file this in the cabinet?
B: **Got it.**

(A: これをキャビネットにファイルしてもらえませんか。
  B: わかりました。)

② カフェで注文する

A: I'll have a cheese cake and a coffee.
B: **Got it.**

(A: チーズケーキとコーヒーをお願いします。
  B: わかりました。)

2語フレーズ BEST 120

使い方のヒント

相手が言ったことに対して、「理解できました」「わかりました」と伝える表現です。got は get の過去形です。I got it. の I が省略された形で、「あなたが言ったことを頭の中にゲットした」、つまり、「わかった」ということですね。

レストランなどで、ウエイトレスやウエイターが「かしこまりました」という意味で Certainly. とか Very good. と言いますが、Got it. もこのような状況で使うことができます。(☞ p.46 参照)

❸ 内緒の話

A: This is just between you and me.
B: OK. Got it.

A: これは内緒だからね。
B: いいよ。わかった。

* just between you and me
= あなたと私の間だけ (つまり「内緒」)

表現ワンポイント

主語を付けて文としても使ってみましょう。助動詞 (can、will、didn't など) を一緒に使う場合や現在形で言う場合は、got it を get it に直します。get it は [ゲーリッ] と発音します。

Don't you get it? (わからないの?)
I didn't quite get it. (よくわかりませんでした)

BEST 14

No way!

まさか！

🔊 [ノゥ**ウェ**ィ]

No は［ノー］と伸びずに［ノゥ］、way も［ウエー］と伸びずに［ウェィ］と、それぞれ二重母音になります。また、way は母音の［ウ］と［エ］を分けて発音するのではなく、口をとがらせ［ウェ］と一緒に発音します。No も way も強く発音しましょう。

会話で使おう！

① 試験に落ちた

A: Bob failed the exam.
B: No way!

A: ボブは試験に落ちたよ。
B: まさか！

② 会社が倒産

A: The company went bankrupt.
B: No way!

A: その会社は倒産したよ。
B: まさか！

＊ go bankrupt = 倒産する

2語フレーズ BEST 120

使い方のヒント

ある出来事について驚きを表すときに使う表現です。「まさか！」とか「ありえない！」というように、その可能性を否定するときに使います。また、「いやだ！」とか「絶対ムリ」のように依頼を強く断るときにも使います。言い方によっては、ぶっきらぼうに聞こえることもあるので注意しましょう。

❸ 5連勝した

A: He won five games in a row.
B: No way!

> A: 彼は5試合連続で勝ったよ。
> B: ありえない！

❹ 新車を運転させて

A: Can I borrow your new car?
B: No way!

> A: あなたの新しい車を貸してくれない？
> B: 絶対ダメ！

BEST 15

What's wrong?
どうしたの？

🔊 [ワッッローン↘]

wrong の w は発音しません。r は唇を丸めて舌先を上の歯茎に付けないようにして発音します。舌先が上の歯茎に触れる日本語のラ行の音と比較してみてください。最後の g は［グ］とは発音せずに、音が鼻から抜ける感じです。

会話で使おう！

① 財布をなくした

A: What's wrong?
B: I think I've lost my wallet.

> A: どうしたの？
> B: どうも財布をなくしちゃったみたい。

② 別に何も

A: What's wrong?
B: Nothing.

> A: どうしたの？
> B: 別に何でもないよ。

2語フレーズ BEST 120

使い方のヒント

人が困った顔をしていたり、悲しそうにしていたりするときに使う表現です。wrong は「間違っている」とか「正常ではない」という意味なので、「何か具合が悪いの?」、つまり「どうしたの?」ということです。

What's wrong? は What's the matter?(何が問題なの?)とも言えます。また、What's wrong with you? のように、後ろに with ～を付けて、「～はどうしたんですか」という意味で使うこともできます。

❸ 疲れていそう

A: You look tired. What's wrong?
B: I couldn't sleep well last night.

A: 疲れているようね。どうしたの?
B: 夕べはよく眠れなかったんだ。

❹ 腰が痛い

A: What's wrong with you?
B: Well, my back hurts.

A: 君どうしたの?
B: ん～、腰が痛いのよ。

BEST 16

Why not?
いいですよ。

[ホワイ**ナ**ーッ(トゥ)↘]

notを強く発音し、文末は下げ調子になります。notの［ナ］は口を大きく開いて発音します。最後のtはほとんど聞こえず、日本語の小さい［ッ］のようになりがちです。

会話で使おう！

① 昼休みをとる

A: Can I take a lunch break now?
B: Why not?

> A: 昼休みをとってもよろしいでしょうか。
> B: いいですよ。

② 飲みに行く

A: Let's go have a drink.
B: Why not?

> A: 飲みに行こうよ。
> B: いいね。

2語フレーズ BEST 120

使い方のヒント

文字通りの意味は、「なぜ、だめなの?」ですが、それから転じて、「どうして、だめなことがありましょうか→もちろんいいですよ」という意味になります。Sure. や Of course. と同じような場面でも使えます。

Why not? は、相手の言ったことに対して強く同意するときに特に効果的です。I don't see why not. (もちろんいいんじゃないの) と言うこともできます。

Why not? は「どうして~しないの(しなかったの)?」という否定疑問の意味でも使います。

③ アドバイスをもらう

A: Do you think I can ask him for some advice?

B: I don't see why not.

A: 彼にアドバイスをもらってもいいかな?
B: もちろん、いいんじゃない?

④ どうして行かなかったの?

A: I didn't go to the party last night.

B: Why not?

A: 夕べのパーティーには行かなかったんだ。
B: どうして(行かなかったの)?

BEST 17

All set!

できた！

🔊 [オーセッ(トゥ)]

all の l の発音は、舌先が上の歯の裏側に付くだけです。ですから、[オール] ではなく、ただ [オー] としか聞こえません。決して [ル] とは言いません。set の t はほとんど聞こえず、小さな [ッ] のようになります。

会話で使おう！

① 食事ができた

A: OK. All set! We are ready to eat now.
B: Wow! It smells so good!

(A: よーし。できた！ さあ食べよう。
  B: わあ！ とっても美味しそうな匂いね！)

② 旅行の準備

A: Are you ready for the trip?
B: All set!

(A: 旅行の準備はできた？
  B: できたよ！)

2語フレーズ BEST 120

使い方のヒント

「準備完了です」とか「手続きはすべて終了しました」と言うときに使います。You're all set. や It's all set. のように前に主語と動詞を付けて言うこともできます。

set は「〜を整える」とか「〜を用意する」という意味なので、All set. は「すべて整えられた（用意された）」ということです。

❸ 手続き完了

A: Is there anything else I have to do?
B: No. You're all set.

A: 他に私がしなければならないことはありますか。
B: いいえ。あなたの手続きは全て完了です。

❗ 表現ワンポイント

set は、日本語の「テーブルをセットする」とか「髪をセットする」という意味でも使います。

Can you help us set the table?
（テーブルをセットするのを手伝ってもらえませんか）
I'd like to get my hair set.（髪をセットしてもらいたいです）

BEST 18

Just about.

だいたいね。

[ジャスタバウ(トゥ)]

Just の t と about の a はくっついて、ta [タ] の音になります。about の最後の t はほとんど聞こえません。

会話で使おう！

① 晩ご飯は？

A: Is dinner ready?
B: Just about.

A: 晩ご飯できた？
B: だいたいね。

② 宿題は？

A: Are you finished with your homework?
B: Just about.

A: 宿題は終わった？
B: だいたい。

2語フレーズ BEST 120

使い方のヒント

「晩ご飯はできた?」とか「仕事、終わりましたか」と聞かれたときに、「だいたいね」とか「ほとんどね」と、作業がほとんど完了していることを伝えるときのひと言です。

Just about. は「ほとんど」という意味の almost と同じように使えます。almost には「もう少しだったね!」とか「惜しい!」という意味もあります。(☞ p.40 参照)

❸ 仕事は?

A: Is the work done?
B: Just about.

A: 仕事は終わりましたか。
B: だいたいですね。

❹ 出かける準備は?

A: Are you ready to go?
B: Just about.

A: 出かける準備はできた?
B: だいたいね。

BEST 19

No wonder.
どおりで。

🔊 [**ノゥワ**ンダー]

no は［ノー］と音を伸ばさずに［ノゥ］という二重母音になります。wonder は最初の［ワ］の音を強く発音します。［ワ］は口の開きが中くらいの音です。口を開けすぎないように注意しましょう。

会話で使おう！

① 英語が上手

A: Yuko speaks English so well.
B: She lived in America for ten years.
A: No wonder.

> A: 優子って英語が本当に上手だよね。
> B: だって、彼女は10年間アメリカに住んでいたんだから。
> A: どおりで。

② 寝坊した

A: I overslept again.
B: No wonder. You always go to bed late.

> A: また寝坊しちゃった。
> B: 当然ね。あなたはいつも寝るのが遅いもの。

2語フレーズ BEST 120

使い方のヒント

理由を教えられて、「な〜んだ。そういうことか」とか「なるほど。どおりで」と、その事実に納得がいったときに使う表現です。wonder は「不思議」という意味ですから、No wonder. で「不思議はない」、つまり「理解できる」「どおりで」「当然だね」となるわけです。

また、No wonder の後に主語と動詞を続けて、「どおりで〜なはずです」と、自分のコメントを付け加えることもできます。

❸ 日本に5年いる

A: I've been in Japan for almost five years now.

B: No wonder your Japanese is so good.

- A: 私は日本にもう5年住んでいます。
- B: どおりで、あなたの日本語は立派なはずですね。

❹ 徹夜した

* paper =（学校で提出する）レポート

A: I worked all night to write my paper.

B: No wonder you look tired.

- A: レポートを書き上げるのに徹夜したんだよ。
- B: あなたが疲れて見えるのも不思議じゃないわね。

BEST 20

It depends.
場合によります。

🔊 [イッディ**ペ**ンヅ]

It の発音は［イット］ではなく［イッ］となり、t の音は消えてしまって、depends につながります。depends の pe［ペ］を強く発音しましょう。

会話で使おう！

❶ 所要時間

A: How long will it take?
B: Well, it depends.

> A: 時間はどのくらいかかりますか。
> B: そうですね、場合によります。

❷ アパートの家賃

A: How much does it cost to rent an apartment in Japan?
B: It depends.

> A: 日本ではアパートの家賃はどのくらいですか。
> B: 場合によりますね。

2語フレーズ BEST 120

使い方のヒント

質問の内容について、ひと言ではなかなか答えづらいというときに使います。たとえば「日本では家賃はどのくらいですか」とたずねられても、それは家の状態やロケーションによりますね。「時と場合によって異なる」と思えば、まずこのフレーズを使ってみましょう。It all depends. とも言います。

また、たとえば「人によります」と言いたければ、It depends の後ろに on ～を続けて、It depends on the person. とします。

❸ 人による

A: Do people take trains to go to work in Japan?
B: It depends on the person.

> A: 日本では通勤に電車を使うんですか。
> B: それは人によりますね。

❹ 天気次第

A: Would you like to go swimming tomorrow?
B: It depends on the weather.

> A: 明日泳ぎに行かない？
> B: お天気次第ね。

BEST 21-25

21 ● 相手のお礼に対して
My pleasure. [マイプレジャー]

22 ● くしゃみをした人に
Bless you. [ブレシュー]

23 ● 別れるときに
See you. [スィーユー]

24 ● あきれたとき
Come on! [カモーン]

25 ● 成果・努力を褒める
Good job! [グッジャーブ]

2語フレーズ BEST 120

▶▶ どういたしまして。

解説 You're welcome. と同じように使えます。pleasure は「喜び」という意味です。「私が喜んでしたことですから、お礼には及びません」と考えます。

▶▶ お大事に。

解説 人がくしゃみをしたときに、その人のことを気遣ってまわりの人が「おやおや、大丈夫ですか」とか「お大事に」と言ってあげるための表現です。

▶▶ じゃあ。

解説 軽い別れのあいさつです。目上の人にも使えます。See you later. とも言います。see は〔ス〕と〔イ〕を同時に発音する感じで〔スィー〕となります。日本語の〔シー〕にならないように注意しましょう。

▶▶ 頼むよ！

解説 「何言ってんだよ！」「ねえ、いいじゃん！」「冗談はよせよ！」など、人が言ったことにあきれて返すひと言です。「さあ、行こう！」という意味もあります。

▶▶ よくやった！

解説 結果はどうあれ、その成果や努力を褒めてあげるときの表現です。「いい仕事をしたね」と考えます。Well done! (**ウェ**ォダン) とも言えます。

BEST 26-30 CD 45

26	● 強く肯定する **Of course.**	[オフ**コース**]
27	● 快諾する **You bet!**	[ユー**ベッ**(トゥ)]
28	● 人を先に通す **After you.**	[**ア**フタユー]
29	● 遊びに行く人に **Have fun!**	[ハヴ**ファン**]
30	● 食事を始めるときに **Dig in!**	[ディ**ギー**ン]

2語フレーズ BEST 120

▶▶ もちろんです。

解説 相手がたずねてきたことに対して、「当然でしょう」と強く肯定するときの表現です。of は [オヴ] ではなく [オフ]、course をより強く発音します。

▶▶ いいとも！

解説 何かを頼まれたときに、快く承諾する表現です。「どういたしまして」のくだけた言い方としても使います。

▶▶ お先にどうぞ。

解説 人を先に通してあげるときの表現です。「私はあなたの後に行きます」と考えます。Go ahead. とも言います。（☞ p.72 参照）

▶▶ 楽しんできてね！

解説 遊びに出かける人に「行ってらっしゃい！」「楽しんできてね」と言いたいときに使います。[ヴ] はあまり聞こえず、[ファ] につないで発音します。fun は「楽しみ」という意味です。

▶▶ さあ、食べて！

解説 料理を作った人が、お客さんや家族に「食べてください！」と食事の始まりの合図をするためのひと言です。dig in は「食べ始める」とか「かぶりつく」という意味で、パーティーなどでもよく使われる表現です。

BEST 31-35

31 ● 相手の話に納得
Good point. [グッ(ドゥ)ポイン(トゥ)]

32 ● 行儀の悪い子供に
Behave yourself! [ビヘイヴヨセォフ]

33 ● 重要でないと伝える
Big deal. [ビッ(グ)ディーォ]

34 ● 相手を励ます
Good luck! [グッ(ドゥ)ラック]

35 ● 相手をなぐさめる
Hard luck. [ハー(ドゥ)ラック]

2語フレーズ BEST 120

▶▶ そりゃそうだ。

解説 相手が納得のいく説明をしたときなどに使います。「あなたが今言ったことはいい点（ポイント）です」と考えます。

▶▶ 行儀よくしなさい！

解説 行儀の悪い子供に、しつけのために言って聞かせるひと言です。behave は「ふるまう」とか「行儀よくする」という意味です。

▶▶ たいしたことじゃないよ。

解説 本来、「そりゃすごい」「たいしたものだ」という意味なのですが、「それがどうしたと言うんだ」という反対の意味でよく使います。It's no big deal. とも言います。

▶▶ がんばってね！

解説 試験、試合、新しい仕事などに挑戦する人に対する励ましのひと言です。「幸運を祈っています」ということです。I wish you luck. とも言えます。

▶▶ ついてませんね。

解説 「それはお気の毒に」「それは残念ですね」「運が悪かったんだよ」など、人をなぐさめるときのひと言です。Bad luck. とか Tough luck. とも言います。

BEST 36-40

36 ● 興奮している人に
Calm down. [カームダゥン]

37 ● 相手の調子を聞く
How's everything? [ハウゼヴリスィン↘]

38 ● 空腹のときに
I'm starving. [アイムスターヴィン]

39 ● ぴったりのとき
Just right. [ジャス(トゥ)ライッ(トゥ)]

40 ● いいことがあった人に
Lucky you! [ラッキーユー]

2語フレーズ BEST 120

▶▶ まあ、落ち着いて。

解説 calm は「静まる」とか「落ち着く」という意味の動詞です。相手が興奮していて、「落ち着きなさい」と言いたい場合に使います。calm の l は発音しません。

▶▶ 最近どうですか。

解説 How are you? と同じように使えます。Fine. とか Pretty good. と返しましょう（☞ p.126 参照）。th の発音をカタカナで［スィ］と示していますが、舌を上下の歯の間に挟んで、摩擦させる音です。

▶▶ お腹がぺこぺこだ。

解説 空腹であることを強調する表現です。餓死する（starve）くらい「お腹がすいた」ということですね。I'm starved. とも言います。もちろん、I'm very hungry. でも OK です。

▶▶ ちょうどいい。

解説 たとえば「暑い？」とか「寒い？」と聞かれて、暑くもなく寒くもなく「ちょうどいいですよ」と言いたいときのひと言です。just と right の最後の t の音は消えてしまいます。

▶▶ 君ついてるね！

解説 相手に何かいいことがあり、「よかったね」とか「運のいいやつだ」などと言うときに使う表現です。You are a very lucky man (woman). のことです。

BEST 41–45

41 ● ぼかして返答する
Kind of. [カインドヴ]

42 ● 注意を促す
Watch out! [ワッチャウ(トゥ)]

43 ● 相手の申し出に応じる
Yes, please. [イェスプリーズ]

44 ● 承諾する
All right. [オーライ(トゥ)]

45 ● 悪いことが再発したとき
Not again. [ナラゲン]

2語フレーズ BEST 120

▶▶ まあ、そんな感じかな。

解説 たとえば、「疲れてる？」と聞かれたときに、「まあね」などと曖昧に答えるひと言です。ズバリ答えたくない質問が来たときにも便利です。

▶▶ 気をつけて！

解説 危険な状態が迫っているときに「危ない！」「気をつけて！」と注意を喚起する表現です。自分のまわりだけではなく「外を見なさい」と考えます。Look out! とも言います。out の t はほとんど聞こえません。

▶▶ はい、お願いします。

解説 「〜しましょうか」と申し出があったときには、Yes. だけではなく、Yes, please. と please を付け加えましょう。「いいえ、結構です」も同様で、No. だけでは失礼なので、No, thank you. と言いましょう。

▶▶ いいですよ。

解説 たとえば、「〜してもいいですか」とか「〜してください」と言われたときに、軽く「いいですよ」とか「わかりました」と言う場合に使います。right を強く発音してしまうと「やったー！」という意味になります。

▶▶ ああ、またた。

解説 たとえば、「また車が故障したよ」など、悪い出来事が再び起こったことに対して、「またか！」と落胆を表現するひと言です。2 語はつながって、not の t はラ行の音のように発音します。

BEST 46-50

46 ● 信じられないことに
Can't be! [キャーン(トゥ)ビ]

47 ● 同意する
I know. [アイノゥ]

48 ● 複数人で失礼するとき
Excuse us. [エクスキューザス]

49 ● 食事などをおごるとき
My treat. [マイトゥリーッ(トゥ)]

50 ● 写真を撮ってあげるときに
Say cheese. [セイチーズ]

2語フレーズ BEST 120

▶▶ ありえない！

解説 信じられない出来事が起こったときに使う表現です。It can't be true. (それは本当のはずがない)などの省略形です。can't を強く長く発音し、t の音はあまり聞こえません。

▶▶ そうですよね。

解説 相手が言ったことに対して「本当にそうですね」と同意するときの表現です。I を強く発音すると、「そんなことわかっているよ」という意味になってしまいます。

▶▶ すみません。

解説 「すみません」は、よく Excuse me. と言いますが、たとえば 2 人以上でエレベーターから降りるときなどは、me（私）を us（私たち）にします。ex をすばやく発音します。2 語はつながって聞こえます。

▶▶ おごるよ。

解説 「私のおごり」ということです。treat は I'll treat you to lunch.（お昼ごはんをおごるよ）のように、動詞としても使えます。treat の tr はすばやく発音し［チュ］のように聞こえます。

▶▶ はい、チーズ。

解説 写真を撮ってあげる前に言うひと言です。撮ってもらう人は Cheese. と繰り返します。日本語の［チ］を伸ばすだけではいけません。唇の両わきを外側にしっかり開き笑顔を作りましょう。

BEST 51–55

51 ● 案内する
This way. [ディスウェイ]

52 ● がっかりしたとき
Too bad. [トゥーバー(ドゥ)]

53 ● 積極的に同意する
I agree. [アイアグリー]

54 ● 出会いのあいさつ
What's new? [ワッツニュー↘]

55 ● 同じ言葉を返すとき
You, too. [ユートゥー]

2語フレーズ BEST 120

▶▶ こちらです。

解説 道や場所をたずねられたときに使います。最後に please を付け加えると、より丁寧になります。「あちらです」は That way. です。

▶▶ それは残念。

解説 That's too bad. の That's が省かれた形で、がっかりした気持ちを表します。「残念だったですね」のように相手を慰めるときにも使います。bad の ba は［バ］と［ベ］の中間くらいの音です。

▶▶ 賛成。

解説 相手の意見に積極的に同意するときの表現です。agree は「同意する」という意味です。I agree with you.（あなた［の意見］に賛成です）とも言えます。

▶▶ 変わりはない？

解説 What's up? と同様、出会いのあいさつで使うひと言です。いずれも、返事は Fine. ではなく Nothing. や Not much. を使います。（☞ p.78 参照）

▶▶ あなたもね。

解説 たとえば、Have a nice day.（いい一日を過ごしてください）と言われたら、ためらわずこう言いましょう。英語は言葉に頼る言語です。言葉には必ず言葉で返すのが礼儀です。

BEST 56-60

56
● 満腹を表す
I'm full. [アイム**フォ**]

57
● 満腹を表す
I'm stuffed. [アイムス**タ**ッフ(トゥ)]

58
● 他は大丈夫か確認する
Anything else? [エニスィン**エ**オス ↗]

59
● 話すのを避ける
Forget it. [フォ**ゲ**ーリッ(トゥ)]

60
● 乾杯する
Bottoms up! [バーラム**ザ**ッ(プ)]

2語フレーズ BEST 120

▶▶ お腹いっぱい。

解説 full は「入れ物が中身でいっぱい」というイメージです。full の発音は〔フル〕ではありません。l の発音は、舌先を上の歯の裏側に付け、〔オ〕のように聞こえます。

▶▶ もう食べられません。

解説 I'm full. と同じように満腹状態を表します。be 動詞 am と stuff の過去分詞 stuffed で「詰め込まれる」という受動態になります。「お腹が詰め込まれている」ということですね。

▶▶ 他に何か？

解説 店員がお客さんに「お求め（注文）の品は以上ですか」と言う場合に使います。Anything の thing は、カタカナで「スィン」と書いていますが、舌を上下の歯の間に挟んで、舌と歯を摩擦させる音です。

▶▶ もういいよ。

解説 「何でもないよ」とか「そのことは水に流そう」などと言いたいときに使います。「そのことについてはもう忘れてよ」という発想です。2 語はつながって、forget の最後の t の音はラ行の音のように発音します。

▶▶ グッといきましょう！

解説 お酒の席で使うひと言です。「グラスの底(bottom)を上(up)に向ける」、つまり、「グッと飲み干す」という意味です。Chug it! 〔**チャギッ**〕とも言います。bottom の t は〔ラ〕のように発音します。

BEST 61-65

61 ● まだしていない
Not yet. [ナッイェッ(トゥ)]

62 ● ありうるとき
Could be. [クッビー]

63 ● 訂正する
I mean ... [アイミーン]

64 ● 待ってもらう
One moment. [ワンモゥメン(トゥ)]

65 ● 呼び止める
Hold it! [ホゥディッ(トゥ)]

2語フレーズ BEST 120

▶▶ まだです。

解説 yet は否定文では「まだ (〜ない)」という意味になります。not の t は小さな [ッ] のようになり yet につながります。[**ナッチェッ**(トゥ)] と発音する場合もあります。

▶▶ かもね。

解説 相手が言ったことに対して、「それはあり得る話だね」なんて言いたいときにピッタリの表現です。1語で Maybe. [**メイビー**] とも言えます。

▶▶ じゃなくて…

解説 たとえば、Can I see John ... I mean Mr. Smith? (ジョンにお会いできますか…あっ、ではなくて、スミスさんに) のように、言ってしまったことを訂正するために、実際に言いたいことの前に軽く添えます。

▶▶ 少々お待ちください。

解説 お客さんに応対するときなどによく使います。後ろに please を付け加えると、さらに丁寧になります。moment の mo は [モー] とは伸ばさずに [モゥ] と発音します。

▶▶ ちょっと待って！

解説 立ち去ろうとしている人を呼び止めるときなどによく使います。今の状態を動かさずに「固定する」というイメージです。hold the line は「電話を切らずに待つ」という意味です。

BEST 66–70 CD 49

66 ● 「元気？」への返答
□ **Pretty good.** 🔊 [プリ(ティ)グーッ(ドゥ)]

67 ● 沈黙を埋める
□ **You know …** 🔊 [ユノゥ]

68 ● 食事が終わったとき
□ **Check, please.** 🔊 [チェックプリーズ]

69 ● 安堵したとき
□ **Thank goodness.** 🔊 [サンッグッネス]

70 ● あわてている人に
□ **No rush.** 🔊 [ノゥラッシュ]

2語フレーズ BEST 120

▶▶ けっこういいよ。

解説 あいさつの「元気?」に対する返事としてよく使います。pretty は「かわいい」以外に「かなり」とか「割合に」「まずまず」という意味があります。pretty は［プリ］と聞こえます。

▶▶ ほら、あの…

解説 何かを言った後で、次に言うことがすぐに出てこずに、若干のためらいや沈黙を埋めるために使う「つなぎのひと言」です。最後は下げ調子で発音します。

▶▶ お勘定をお願いします。

解説 アメリカでは、お客さんが「お勘定をお願いします」「伝票（check）を持ってきてください」と言ってはじめて、お店の人はお客さんが食事が終わって帰るということがわかります。伝票は前もって渡しません。

▶▶ やれやれ。

解説 goodness は God(神) の婉曲表現です。神に感謝するほど「ホッとした」となります。thank の th を［サ］と示していますが、舌を上下の歯と摩擦させる音です。

▶▶ あわてなくていいよ。

解説 相手が急いでいるときに言ってあげる気遣いのひと言です。「忙しさ」「あわただしさ」(rush) が「ない」(no) ということですね。no の発音は［ノー］ではなく［ノゥ］です。

BEST 71–75 CD 50

71 ● 謝るとき
Pardon me. 🔊 [パー(ドゥ)ンミー]

72 ● 質問が答えにくいとき
Good question. 🔊 [グッ(ドゥ)クウェスチュン]

73 ● 確かだと思うとき
I bet. 🔊 [アイベッ(トゥ)]

74 ● 怒りを表す
Get out! 🔊 [ゲラゥ(トゥ)]

75 ● 相手が的確に推測したとき
Good guess. 🔊 [グッゲス]

2語フレーズ BEST 120

▶▶ ごめんなさい。

解説 Pardon me. は I'm sorry. と同じように謝る表現ですが、最後を上げ調子で発音すると Pardon? と同様、「もう一度お願いします」という意味にもなります。I beg your pardon. とも言います。(☞ p.64 参照)

▶▶ それは難しい質問ですね。

解説 答えに困るくらい、いい質問だということです。「答えを知らない」とか「答えるには難しい」という意味の婉曲的な表現です。question の que の発音は［クエ］ではなく［ク**ウェ**］のように w の音が入ります。

▶▶ きっとそうでしょうね。

解説 bet は「(お金を) 賭ける」という意味です。お金を賭けていいくらい「確かだと思う」という意味で、あいづちとして使います。また、反語的に「まさか」とか「さあ、それはどうかな」という意味でも使います。

▶▶ 出て行け！

解説 怒りを表すひと言です。get は「着く」とか「行く」という意味でよく使います。get home は「帰宅する」、get there は「そこに行く」、get out は「外に出て行く」ということです。

▶▶ よくわかったね。

解説 たとえば、人に「私の年齢を当ててみて」と言って、その人が年齢を言い当てたとき、「よくわかったね」とか「推測お見事」という意味で使うひと言です。

BEST 76-80 CD 50

76 ● 自分も否定するとき
Me, neither. [ミーニーダー]

77 ● 相手を気遣う
No worries. [ノゥワーリーズ]

78 ● 関心がないことを示す
Who cares? [フーケァーズ↘]

79 ● 事の成行きを見守る
We'll see. [ウィォスィー]

80 ● 強く打ち消す
Absolutely not! [アブソルーッリーナッ(トゥ)]

2語フレーズ BEST 120

▶▶ 私もそうではありません。

解説 「私もそうです」と肯定するときは Me, too. ですが、否定するときは Me, neither. です。本来は either ですが、会話では neither をよく使います。neither の th の発音は上下の歯と舌を摩擦させる音です。

▶▶ 心配しないで。

解説 相手を気遣うひと言です。worry を「心配する」という動詞で使えば Don't worry. と言うこともできます。worry の o は［オ］というよりも、口をあまり開かず［ア］と発音します。

▶▶ そんなこと、どうだっていいよ。

解説 ある事柄にあまり関心、興味がないことを示します。「そんなこと誰が気にすることがあろうか（誰も気にしないよ）」、つまり「そんなこと、どうでもいいよ」ということになります。

▶▶ そのうちわかるよ。

解説 see は「見える」「わかる」という意味です。未来形（We will の短縮形 We'll）を使って「今すぐにはわからないけれど、後で答えは出るよ」という意味で使うひと言です。

▶▶ とんでもない！

解説 相手が言ったことを強く打ち消すときに使います。absolutely は「絶対に」という意味ですが、not を後ろに付け加えることで「絶対に違う」、つまり「とんでもない」ということになります。（☞ p.52 参照）

BEST 81–85

81 ● よくないことがまた起こった
Now what? [ナゥワッ(トゥ)↘]

82 ● 誘うとき
Join us. [ジョイナス]

83 ● 相手に方法の選択を任せる
Either way. [イーダーウェィ]

84 ● 要らないとき
I'm fine. [アィムファィン]

85 ● 否定の予測をする
Maybe not. [メィビーナッ(トゥ)]

2語フレーズ BEST 120

▶▶ 今度は何だよ。

解説 よからぬことが再び起こったときに、「またですか」と嫌気がさしたような気持ちを表します。What の t の音は聞こえないときもあります。

▶▶ 一緒にどう？

解説 何かを一緒にしようと誘うひと言です。join は「参加する」という意味ですので、「私たちに加わりなさい」と言っているわけです。2 語をつないで発音しましょう。

▶▶ どっちでもいいよ。

解説 「どちらの方法がいい？」と聞かれて、「どちらでもかまわない」と言いたいときに使います。「どちらにしても」という意味もあります。th は上下の歯と舌を摩擦させる音です。

▶▶ けっこうです。

解説 I'm fine. は、あいさつのときの「元気です」という意味だけではありません。「私は大丈夫（fine）です」と言えば「要らない」ということですね。もちろん No, thank you. とも言えます。

▶▶ たぶんそうじゃないよ。

解説 日本語では肯定文で「～かな？」や否定文で「～ではないかな？」とどちらで聞いても、答えは「たぶん」でいいですが、英語は「たぶん～ではない」と否定で答えるときには maybe の後に not が必要です。

BEST 86-90

86 ● 急がせる
Hurry up! [ハーリーアッ(プ)]

87 ● 全部かと聞かれて
That's it. [ダッツィッ(トゥ)]

88 ● お礼への返答
Sure thing. [ショースィン]

89 ● 言い訳を許さない
No excuse. [ノゥエクスキュース]

90 ● 悩んでいる人に
So what? [ソウワッ(トゥ)↘]

2語フレーズ BEST 120

▶▶ 急いで！

解説 Be quick!〔ビク**ウィ**ック〕（早くしなさい！）という表現もあります。また軍隊や警察などでは Move it!〔**ム**ーヴィッ（トゥ）〕（さっさと動け！）とも言います。

▶▶ それで全部です。

解説 店員から「買い物（注文）はそれで全部ですか」と聞かれたときに That's all. と同じように使えます。また、「それだ！」とか、「もうそこまでだ！」という意味もあります。th は舌と歯を摩擦させる音です。

▶▶ そんなこといいんだよ。

解説 人にお礼を言われて、「して当然だよ」と気持ちよく返すカジュアルな表現です。また、何かを頼まれたとき、「もちろんです」と快く引き受ける返事としても使います。th は舌と上下の歯を摩擦させる音です。

▶▶ 言い訳はだめよ。

解説 Excuse me. に使う excuse（許す）は動詞で〔エクスキューズ〕と最後を〔ズ〕と発音しますが、「言い訳」という名詞では〔エクスキュース〕と濁りません。

▶▶ まあ、いいさ。

解説 たとえば、人がくよくよ悩んでいるときに、「だから何？ そんなのたいしたことないよ」と励ましてあげるひと言です。言い方や状況によっては、「だから何なんだよ！ うるさいな」という意味にもなります。

BEST 91-95 CD 52

91 ● お礼への返答
No problem. [ノゥプラーブレム]

92 ● 請け合うときに
I promise. [アイプラミス]

93 ● 快く賛同する
How nice! [ハウナイス]

94 ● ポジティブに返す
Not bad. [ナッバー(ドゥ)]

95 ● 話の切り出しに
Guess what. [ゲスワッ(トゥ)]

2語フレーズ BEST 120

▶▶ お安いご用です。

解説 Thank you. とお礼を言われて、「全く問題ないよ」「お安いご用だよ」と言って返す表現です。You're welcome.（どういたしまして）と同じタイミングで使えます。

▶▶ 約束するよ。

解説 よく文の最後に付け加えて使います。promise は「約束する」という意味の動詞です。I promise you. とか、1語で Promise. という場合もあります。

▶▶ いいですね！

解説 相手が言ったことに対して、「それはいいですね」とか「それはよかったですね」と笑顔で気持ちよく言ってあげるときの表現です。

▶▶ 悪くないね。

解説 「悪くないね」ということから、「かなりいいよ」「捨てたものじゃない」という意味で使います。How are you? などのあいさつの返事としても使います。ba は [バ] と [ベ] の間の発音です。

▶▶ ねえ、知ってる？

解説 話を切り出す前のひと言です。You know what? とも言います。特に相手が驚くようなことを言う前に使います。guess は「想像する」という意味で、「私が今から何を言うか想像してみて」ということです。

BEST 96-100 CD 52

96 ● 子供じみた態度・行為に
☐ ☐ **Grow up!** 🔊 [グロウ**アッ**(プ)]

97 ● 人の様子がおかしいとき
☐ ☐ **What happened?** 🔊 [ワッ**ハ**プン(ドゥ)↘]

98 ● テレビの番組を聞く
☐ ☐ **What's on?** 🔊 [ワッ**ツォ**ーン↘]

99 ● 出かけるときに
☐ ☐ **I'm leaving.** 🔊 [アイム**リ**ーヴィン]

100 ● 帰宅したときに
☐ ☐ **I'm home!** 🔊 [アイム**ホ**ウム]

2語フレーズ BEST 120

▶▶ 子供みたいだな！

解説 人が子供じみたことをしているのを見て、「子供っぽいことはやめなさい！」「大人げない！」と言いたいときのひと言です。「(いつまでも子供のように振舞わず) 成長しなさい！」と考えます。

▶▶ 何があったの？

解説 たとえば、人がケガをしているのを見て、「どうしたの？」「何があったの？」と聞きたいときに使うひと言です。happen は「起こる」という意味です。ha は［ハ］と［ヘ］の間で発音します。

▶▶ テレビで何をやってる？

解説 今テレビでどんな番組を放送しているのかをたずねるときの表現です。映画は What's playing?（何を上映しているの？）とも言います。

▶▶ 行ってきます。

解説 日本語のように「行ってきます」という決まった表現はありませんが、現在進行形を使って、「私は出発しつつある」と言うことができます。See you. や Bye. とも言います。

▶▶ ただいま！

解説 文字通り、「私は家にいます」ということです。home は「家」という名詞ですが、ここでは「家に」という副詞です。home は［ホーム］と伸ばさず［**ホウム**］と発音します。

BEST 101–105 CD 53

101 ● 答えがわからない
☐ **Who knows?** 🔊 [フーノウズ↘]

102 ● 相手の話を促す
☐ **Go on.** 🔊 [ゴゥアーン]

103 ● 忘れないよう確認する
☐ **Don't forget.** 🔊 [ドゥンフォゲッ(トゥ)]

104 ● 車の同乗者に
☐ **Buckle up.** 🔊 [バコラッ(プ)]

105 ● 電話中に待ってほしいとき
☐ **Hold on.** 🔊 [ホゥルダン]

2語フレーズ BEST 120

▶▶ 誰にもわからないよ。

解説 たずねられたことに対して、答えが全く見当がつかない場合に使う表現です。「そんなこと、誰がわかるでしょうか」→「誰にもわかりませんよ」ということです。Nobody knows. と言うこともできます。

▶▶ 続けて。

解説 たとえば、人が話をやめたときに、Go on. I'm listening.（どうぞ続けてください。私は聞いていますよ）のように、相手に話を促すときに使います。

▶▶ 忘れないでね。

解説 たとえば、「本を返すのを忘れないでね」とか「約束を忘れないでね」など、さまざまな状況で使えます。文頭に Don't を付ければ否定の命令文になり「~してはいけない」という意味になります。

▶▶ シートベルトを締めてね。

解説 buckle は名詞で「（ベルトの）バックル」、動詞で「バックルで締める」という意味です。「~を締める」という意味の fasten [**ファ**スン] を使って、Fasten your seatbelt. とも言えます。

▶▶ そのまま切らずにお待ちください。

解説 電話中に何かを調べたり保留にしたりして、相手に電話を切らずに待ってもらいたいときに使う便利なひと言です。Please hold. とも言えます。hold の発音は [ホールド] と伸ばさずに、[**ホ**ゥォドゥ] となります。

BEST 106–110

106 ● 全面的に肯定する
I'll say. [アィォセイ]

107 ● 謝る
I apologize. [アィアパラジャイズ]

108 ●「元気？」と聞かれて
No complaints. [ノゥクンプレインツ]

109 ● 疲れ切っているとき
I'm exhausted. [アイムイグゾースティドゥ]

110 ● 理由を聞く
What for? [ワッ(トゥ)フォー↘]

2語フレーズ BEST 120

▶▶ その通り。

解説 相手が言ったことに対して、「もちろん、その通りだよ」と全面的に肯定するときに使う便利なひと言です。I を強く発音します。

▶▶ 申し訳ございません。

解説 丁寧に謝るときに使う謝罪の表現です。apologize は「謝る」という意味です。「〜について謝る」と言いたければ I apologize for 〜 . とします。

▶▶ まあまあだね。

解説 complaint(s) は「不満」という意味です。How are you?（元気？）と聞かれて、「特に不満はないよ」ということです。

▶▶ くたくただよ。

解説 exhausted は「疲れ切った」という意味です。I'm tired. を強調して言う場合に使います。「ストレスで気が休まらない」と言いたければ I'm stressed out. が便利です。

▶▶ 何のために？

解説 たとえば、What did you do that for?（あなたはそれを何のためにしたの？）の did you do that を省略し、一番前と後ろの単語を残したと考えましょう。

BEST 111–115

111 ● 条件をつける
If possible. [イフ**パ**ースィボォ]

112 ● 相手を慰める
It happens. [イッ**ハ**プンズ]

113 ● 人に同情する
Poor thing. [プァ**ス**ィン]

114 ● 止めるタイミング
Say when. [セィホ**エ**ン]

115 ● 感動したとき
I'm impressed! [アイムインプ**レ**ストゥ]

2語フレーズ BEST 120

▶▶ できれば。

解説 if that's possible（もしそれが可能ならば）の that's を省略した形です。文の最後に付け加えて使われることが多いです。

▶▶ そういうこともあるよ。

解説 人に何かよからぬことが起こり、「そんなこと誰にでもありますよ」と慰めるときなどに使うひと言です。「それは起こります」と言います。

▶▶ かわいそうに。

解説 人に同情するときのひと言です。poor は「貧しい」という意味と「哀れな」とか「かわいそうな」という意味があります。th はカタカナで［スィ］と示していますが、舌を上下の歯に挟んで摩擦させる音です。

▶▶ どのくらいがいいか言ってください。

解説 たとえばレストランで、ウエイターがあなたのパスタにチーズをかけるとき、「どのくらいで止めていいか言ってください」と言います。止めてほしいところで、Thank you. と言いましょう。

▶▶ たいしたものだ！

解説 impress は「〜を感動させる」という意味の動詞です。受動態で「私は感動させられている」、つまり「感動した！」「たいしたものだ！」となります。

BEST 116–120

116 ● 言ったことを訂正する
Never mind. [ネヴァマイン(ドゥ)]

117 ● 相手と同じだと言う
Same here. [セィムヒァ]

118 ● 確信できないとき
I guess. [アィゲス]

119 ● 時の流れが早いと感じて
Time flies. [タィムフラィズ]

120 ● 共通の人間関係がわかったとき
Small world. [スモォワーオ(ドゥ)]

2語フレーズ BEST 120

▶▶ 気にしないで。

解説 誰かに頼みごとをして、「やっぱりいいや、気にしないで」と軽く訂正するときによく使います。言い方によっては、きつく聞こえることがあるので注意してください。Don't mind.（ドンマイ）とは言いません。

▶▶ こちらこそ。

解説 たとえば、Good to see you again.（久しぶりに会えて嬉しい）と言われ、「私も同じ気持ちです」と相手に言うときに使います。飲食店などで注文をする際に、「私も同じものを」と言うときにも使えます。

▶▶ だと思うよ。

解説 確信はできないという意味で、文の前や後ろに付けて使います。また、人が「〜かなあ？」と言った後に、「そうだと思うんだけど…」と言い添えるひと言でもあります。I guess so. とも言います。

▶▶ 時が経つのは早いものですね。

解説 時間は「飛ぶように過ぎ去る」、つまり「あっという間に過ぎ去る」ということですね。Time sure has a way of flying by. とも言います。

▶▶ 世間は狭いですね。

解説 It's a small world. を略した言い方です。たとえば、知り合いの知り合いが自分の知り合いだとわかったときなど、驚きの気持ちを伝えるために使います。「世間は狭い」は「小さな世界」と考えます。

みちくさ講座 ❷

レストランでのひと言にもマナーがある

　日本ではレストランでの食事の際、テーブルから大きい声で「すみません！」とウエイターやウエイトレスを呼ぶこともありますが、英語ではそれはご法度です。

　食事中に Excuse me! と大声を出すことは、他のお客さんたちに迷惑という考え方です。手を挙げるなどして、合図を送りましょう。お店の人も大声で Thank you!（ありがとうございました！）とお客さんを見送ることはありません。Excuse me. や Thank you. のような短いフレーズにも、文化の違いで見えない落とし穴があるのです。

　また、日本語では、お店の人がお客さんに「ご注文の料理は以上でおそろいでしょうか。ごゆっくりどうぞ」という決まり文句を使いますが、この場合の「ごゆっくりどうぞ」は、英語では Take your time.（☞ p.170 参照）ではなく、Enjoy your meal.（食事を楽しんでください）（☞ p.212 参照）です。そう言われたら、視線を合わせて笑顔で Thank you. と返しましょう。

Chapter 3 ・ 気持ちが伝わる

3語フレーズ
BEST 130

CD 55 〜 CD 85

BEST 1

Just in case.

念のため。

🔊 [ジャスティン**ケ**イス]

Just と in がくっついて、[ジャスティン] のように発音します。case はカタカナ語の [ケース] のように音が伸びずに [ケイス] となります。

会話で使おう！

① 再チェック

A: Why do you check it twice?
B: Just in case.

A: なぜ2度もチェックするの？
B: 念のためさ。

② 雨が降りそう

A: Looks like it's going to rain.
B: Take your umbrella with you, just in case.

A: 雨が降りそうな感じだなあ。
B: 念のため傘を持って行きなさい。

3語フレーズ BEST 130

使い方のヒント

「万一の場合に備えて」とか「念のために」という意味でよく使います。フレーズ単独で使う場合もありますし、文の最後に付け加えて使うこともあります。

日本語で「ケース・バイ・ケース（それぞれの場合による）」と言うように、case は「場合」という意味です。ですから、in that case と言えば「その場合には」、in your case と言えば「あなたの場合には」という意味になります。

③ 写真をもう1枚

A: Should I take one more picture?
B: Maybe you should, just in case.

A: 写真をもう1枚撮っておいたほうがいいかな。
B: そのほうがいいかもね、念のため。

表現ワンポイント

just in case の just を取って後ろに of を付け in case of ～とすると、「～の場合には」とか「～が起こったら」という意味になります。

In case of fire, don't use the elevator.
（火事の場合には、エレベーターは使用しないでください）

In case of emergency, call 911 for help.
（緊急の場合には、911に電話して助けを求めてください）

BEST 2

Take it easy.
むきになるなよ。

🔊 [**ティキリーズィー**]

take と it、it と easy をそれぞれつないで、3語が1つの単語だと思って発音しましょう。easy の sy は［ジー］ではなく、［ズ］と［イ］を同時に言う感じで［ズィー］と発音します。

会話で使おう！

❶ がまんできなくなった人に

A: I can't stand it anymore!
B: Hey, take it easy. Calm down.

(A: もうこれ以上がまんできない！
  B: むきにならないで。落ち着いて。)

＊ stand ～ = ～をがまんする

❷ 興奮している人に

A: Take it easy. Don't get so excited.
B: I'm sorry. I was just upset about what she said to me.

＊ upset = 動揺している、頭にきている

(A: むきにならないで。そんなに興奮せずに。
  B: ごめん。ただ彼女が私に言ったことに腹が立って。)

3語フレーズ BEST 130

使い方のヒント

相手が興奮していたり、怒っていたりするときに、「そんなにむきになるなよ」とか「気を楽に」と言ってあげるときのひと言です。easyは「簡単な」という意味でよく使いますが、「気楽な」「安心している」「態度がゆったりとした」という意味もあります。「それを気楽に受けとめる」ということなので、「むきになるな」となるわけです。

③ 上司に不満のある人に

A: I don't understand why my boss is so mean to me!
B: Take it easy. Why don't you tell me what happened?

A: なぜ上司は私にあんなに意地悪なのかわかりません！
B: 気を楽に。何があったか私に話してみて。

表現ワンポイント

Take it easy. は、Take care. と同様「じゃあね」という気軽な別れのあいさつとしてもよく使います。また、「のんびりする」という意味もあります。

See you. Take it easy.（じゃあ。またね）
On weekends I usually take it easy at home.
（週末は、たいていうちでのんびりしています）

BEST 3

Oh, my goodness!
これはたいへん！

[**オ**ゥマイグッネス]

oh は［オー］とは伸ばさずに［オウ］と発音します。goodness の d の音はほとんど聞こえず、小さい［ッ］のようになります。

会話で使おう！

① 交通事故

A: Bill had a car accident!
B: Oh, my goodness!

A: ビルが車の事故を起こしたよ！
B: それはたいへん！

② カギをなくした

A: Oh, my goodness! I think I lost my key.
B: I'll help you look for it.

A: たいへん！　カギをなくしたみたい。
B: 探すのを手伝うよ。

3語フレーズ BEST 130

使い方のヒント

たとえば、交通事故など、目の前の悲惨な出来事を見て驚いたり、人から予想外の話を聞いて動揺したりしたときに、「なんてことだ！」「あきれた！」「それはたいへんだ！」という意味で使うひと言です。

Oh, my God! [**オウマイガーッ**]、Good God! [**グッガーッ**]、Good grief! [**グッグリーフ**] という言い方もあります。

❸ 終電を逃した

A: Oh, my goodness! We missed the last train!
B: Oh, well. We'll take a taxi.

A: これはたいへん！　終電に乗り遅れたよ！
B: まあいいさ。タクシーで行こう。

表現ワンポイント

Oh, my God. というフレーズには God という言葉が入っているので、敬虔なクリスチャンには使いたがらない人もいます。God という言葉を避けて、以下のような言い方もできます。

Oh, dear. I'm late again. (たいへん！　また遅刻だ)
Oh, my gosh! I forgot to call her!
(たいへんだ！　彼女に電話するのを忘れてた！)

BEST 4

I appreciate it.
ありがとうございます。

🔊 [アイアプ**リ**ーシエイリッ（トゥ）]

Thank と you をつないで［サンキュー］と発音するように、appreciate と it をつないで発音するのがポイントです。そのとき、appreciate の最後の t の音が日本語のラ行の音のようになります。it の t はほとんど聞こえないときもあります。

会話で使おう！

① 感謝する

A: **I appreciate it.**
B: **No problem.**

> A: ありがとうございます。
> B: いいえ、いいんですよ。

② 予約をしてもらって

A: **I made a dinner reservation for tonight.**
B: **I appreciate it.**

> A: 今夜の夕食の予約をしておきましたよ。
> B: ありがとうございます。

3語フレーズ BEST 130

使い方のヒント

Thank you. と同じような意味で使う感謝の気持ちを表すひと言です。Thank you. は「あなたに感謝する」で、I appreciate it. は「あなたがしてくれたこと (it) に感謝する」という意味です。thank の後ろには目的語として「人」が続きますが、appreciate の後ろには「感謝の理由」が続きます。

❸ 助言が役に立った

A: I appreciate it. Your advice was very helpful.
B: If you need any help, please feel free to come and see me anytime.

A: ありがとうございます。あなたの助言はとても役に立ちました。
B: もし手助けが必要なら、いつでも相談に来てくださいね。

表現ワンポイント

appreciate の後ろには、いろいろな目的語を置いて感謝の気持ちを表すことができます。具体的な感謝の理由を入れて練習してみましょう。

I appreciate **your help.** (手伝ってくれてありがとうございます)
I appreciate **your cooperation.** (ご協力に感謝いたします)

BEST 5

Let me see.
ええと。

🔊 ［レッミースィー］

let の t ははっきり発音せず、小さな［ッ］のようにつまった音になって me につながります。see は［ス］と［イ］を同時に発音しましょう。日本語の［シー］にならないように注意しましょう。

会話で使おう！

① 約束をする

A: Can I see you this coming Friday?
B: Let me see. Yeah, I think so.

A: 今度の金曜日に会える？
B: ええと。うん、会えると思うよ。

＊ this coming ～
＝ 今度の～

② 計算をする

A: How much are they altogether?
B: Let me see. That'll be 68 dollars.

A: 全部でおいくらですか。
B: ええと。合計で 68 ドルになります。

3語フレーズ BEST 130

使い方のヒント

相手に質問されて、答えがすぐに見つからないことがありますね。そんなときに会話の沈黙を埋めるためのひと言です。「そうですねえ」とか「ええと」と言いながら答えを探すのに便利です。

同じような意味で Let's see. とか Well. という言い方もあります。コミュニケーションの流れをできるだけ止めないように、このような短い表現で会話の空白を自然に埋めることができます。

❸ レストランを選ぶ

A: Where would you like to eat?
B: **Let me see.** How about one of those Indian restaurants?

A: どこで食べたい？
B: ええと。インド料理のレストランはどう？

表現ワンポイント

Let me の後ろに動詞の原形を続けると、「私に〜させてください」とか「私が〜してあげましょう」という意味の文をつくれます。

Let me hold the door for you.（ドアを押さえておいてあげましょう）
Let me know when you need any help.
（何か手助けが必要なときは私に知らせてください）

BEST 6

I'm not sure.
よくわかりません。

[アィムナッショー(ア)]

notのtはほとんど聞こえず、小さな［ッ］のようになり、sureにつながります。sureは［シュアー］というよりも、どちらかというと［ショー（ア）］と発音します。

会話で使おう！

① 広場の場所

A: Is Union Square near our hotel?
B: I'm not sure. Let's ask the front desk clerk.

> A: ユニオンスクエアはホテルの近くかな？
> B: よくわからないな。フロントで聞いてみよう。

② 話すべきかどうか

A: Should we talk to him about that?
B: I'm not sure. What do you think?

> A: それについて彼に話したほうがいいかな？
> B: どうかなあ。あなたはどう思う？

3語フレーズ BEST 130

使い方のヒント

たずねられた質問に対して、「どうかなあ」とか「よくわからないな」など、明確に答えられないときに使う表現です。sure は「確かな」という意味ですから、ここでは「私は確かではない」、つまり「はっきりとはわからない」ということです。

同じ場面で I don't know. を使うこともありますが、こちらは「知りません」とぶっきらぼうな感じに聞こえることがあるので注意が必要です。

❸ バスの到着時刻

A: What time will the next bus arrive?
B: I think it'll arrive at two o'clock, but I'm not sure.

(**A:** 次のバスは何時に到着しますか。
B: 2時だと思うんですが、よくわかりません。)

表現ワンポイント

「わかりません」という意味の別の表現も覚えておきましょう。「わかる」という意味の動詞や表現 (understand、see、get、make sense、have some idea など) を否定形にします。

I don't get it. Why are you so mad?
(わからないな。なぜそんなに怒ってるの?)

I'm sorry. I have no idea. (すみません。全くわかりません)

BEST 7

How about you?
あなたはどうですか。

[ハゥアバゥ**チュ**ー↘]

about と you がくっついて［アバウチュー］となり、you が強く発音されます。疑問詞（how）を使った疑問文なので、最後は下げ調子で発音しましょう。

会話で使おう！

❶ 元気ですか

A: How are you?
B: I'm good. How about you?

> A: 元気ですか。
> B: 元気ですよ。あなたはどうですか。

❷ ご出身は？

A: Where are you from?
B: I'm from Yokohama. How about you?

> A: どちらのご出身ですか。
> B: 横浜です。あなたは？

3語フレーズ BEST 130

使い方のヒント

自分のことについて相手に質問され、答えた後に「ではあなたはどうなのですか」と問い返すときのひと言です。How about yourself? とも言えます。

相手から聞かれっぱなしではなく、相手のことも聞いてあげるのが英語の原則であり礼儀です。たとえば、日常のあいさつで、「元気ですか」とたずねられたら、「元気ですよ」と答えた後で「あなたは？」と聞き返すようにしましょう。

③ 夏の過ごし方

A: What did you do during the summer?
B: I visited my friends in Nagoya. How about you?

A: 夏は何をしましたか。
B: 名古屋にいる友人のところに行っていました。あなたはどうですか。

表現ワンポイント

How about 〜? は〜の部分に名詞を置いて、「〜はどうですか」と提案したり、「〜はいかがですか」と人に何かを勧めたりするのに使えます。

How about next Friday? （来週の金曜日はどうですか）
How about some coffee? （コーヒーはいかがですか）

BEST 8

That's about it.
だいたいそんなところです。

🔊 [ダッツ アバウ リッ(トゥ)]

That's はカタカナで[ダッツ]と示していますが、実際は[ダ]と[デ]の中間の音で、舌を上下の歯で挟んで、発音と同時に舌を歯と摩擦させます。about と it は aboutit と1つの単語だと思ってください。ti は[リ]のように聞こえます。最後の t はほとんど聞こえません。

会話で使おう！

① 話したいこと

A: Is there anything else you want to talk about?
B: No. That's about it.

- A: 他に何か話したいことがありますか。
- B: いいえ。だいたいそんなところです。

② 発表のしめくくりに

A: That's about it. Thank you for your attention.
B: It was a wonderful presentation!

- A: だいたいそんなところです。ご清聴ありがとうございました。
- B: すばらしい発表でしたね！

3語フレーズ BEST 130

使い方のヒント

That's it. は That's all. と同じように「それで全部です」という意味ですが、about を付けると「だいたいそれで全部です」となります。話のしめくくりとして「まあそんなところです」という表現の1つです。

また、仕事が終わったところで「これでいいかな」とか「まあこんなところかな」などのように使うこともできます。

❸ 人物を評する

A: Can you tell me more about Steve?
B: He is gentle, good at cooking ...
That's about it.

A: スティーブについてもう少し話してもらえませんか。
B: 彼は優しくて、料理が上手で…私が知っているのはだいたいそのくらいかな。

表現ワンポイント

That's all の後ろに主語・動詞を続けると、「それが〜であるすべてです」となります。たとえば、機械の使い方を簡単に説明した後に、「こうするだけでいいんですよ」などと言葉を添えるときに便利です。

That's all there is to it.（それだけです [こうするだけでいいんですよ]）
That's all I know.（それが私が知っている全てです）

BEST 9

Cut it out!
やめてよ！

🔊 [カリ**ラゥ**(トゥ)]

Cutitout! のように 1 語だと思って、連続して発音しましょう。Cut と it の t はどちらもラ行の音のように聞こえます。そして out を強く発音します。最後の t はほとんど聞こえず小さい [ッ] のようになります。

会話で使おう！

❶ 好きな人

A: I know you love Kenji.
B: Cut it out! I'm embarrassed!

(A: 君はケンジ君のことが好きなんだろう。
  B: やめてよ！　恥ずかしいじゃない！)

❷ くすぐったい

A: It tickles! Cut it out!
B: Oh, I'm sorry.

(A: くすぐったい！　やめてよ！
  B: あ〜、ごめん。)

3語フレーズ BEST 130

使い方のヒント

からかうような発言や気にさわる行為をした人に対して、その発言や行為をやめてもらいたいときに用いる表現です。「やめてください」とか「いいかげんにしてください」という意味で使います。

cut out は「切り捨てる」とか「～する行為をやめる」という意味です。「やめてよ！」には、Don't! [**ドウ**ン(トゥ)]、Stop it! [ス**タ**ーピッ]、Knock it off! [ナッキ**ラ**ーフ] という表現もあります。

③ 兄弟げんか

A: Dad, Greg keeps hitting me.
B: Hey, you guys! That's enough. Cut it out!

A: お父さん、グレッグが僕をずっと叩くんだよ。
B: こら、お前たち！ もう十分だ。やめなさい！

表現ワンポイント

cut out の後に行為 (たとえば、おしゃべり) や習慣 (たとえば、喫煙) を続ければ、「～をやめなさい」という意味で使えます。

Hey, cut out the talking!
(こらっ！ そこ、おしゃべりをやめなさい！)
You should cut out smoking. (禁煙したほうがいいよ)

BEST 10

Go for it!
がんばれ！

🔊 [ゴウフォイッ（トゥ）]

go を強く発音します。日本人は go を［ゴー］と伸ばして発音しがちですね。go は［ゴー］ではなく、［ゴウ］です。it の t はほとんど聞こえず、小さな［ッ］のようになります。

会話で使おう！

❶ 就職したい

A: I really want that job.
B: **Go for it!**

(A: 本当にその仕事に就きたいんだ。
  B: がんばれ！)

❷ 人の言うことなど気にしないで

A: **Go for it!** Who cares what other people say?
B: Thank you for encouraging me.

* encourage= ～を励ます

(A: がんばれ！　他の人がどう言おうと関係ないよ。
  B: 励ましてくれてありがとう。)

3語フレーズ BEST 130

使い方のヒント

人が何かに挑戦しようと努力しているときに「がんばって！」とか、試合の前に「行くぞ！」と相手を激励するために使うひと言です。特に、困難が待ち構えていても、めげずに努力を続けるように伝えたいときに使います。「一か八かやってみる」とか「当たってくだける」というイメージです。

❸ ためらうことはない

A: I'm not sure if I should try again.
B: Don't hesitate. Go for it!

A: もう一度やってみるべきかどうかわかりません。
B: ためらうことないよ。がんばって！

表現ワンポイント

3語フレーズの BEST 39、90 に出てきますが、Keep it up.（その調子でがんばって）とか、You're almost there.（あと一息だ）など、励ましの表現は他にもたくさんあります。場面に応じて使い分けましょう。

I wish you luck.（幸運を祈ります）
Don't give up hope yet.（あきらめるのはまだ早いよ）

BEST 11

Take your time.
ゆっくりでいいですよ。

[**ティキョー タ**ィム]

Take と your が一緒になって [ティキョー] となります。
また、take と time を強く発音しますが、t を発音する
ときに息を鋭く出すようにしましょう。

会話で使おう！

① ゆっくりどうぞ

A: I'll do it right away.
B: Don't worry. Take your time.

A: 急いでやります。
B: 大丈夫です。ゆっくりでいいですよ。

② 明日まで待てます

A: I will hurry up and finish this by one o'clock.
B: I can wait until tomorrow, so take your time.

A: これを急いで1時までに終わらせます。
B: 私は明日まで待てますから、ゆっくりでいいですよ。

3語フレーズ BEST 130

使い方のヒント

相手をあわてさせないように、「ゆっくり時間をかけていいですよ」とやさしく声をかけてあげるときのひと言です。

たとえば、コピー機を誰かが使っていて、あなたがその人の後ろに並んだとき、その人があなたに気を遣って急いでコピーを終わらせようとしたら、「私は急ぎませんから、あわてなくていいですよ」という意味で使います。

❸ 間違わないように

A: Oh, I'm so nervous.
B: Take your time. Otherwise, you might make mistakes.

A: わ〜、すごく緊張する。
B: ゆっくりでいいよ。でないと、間違うかもしれないよ。

表現ワンポイント

take time は「時間がかかる」という意味です。It を主語にして、「時間が長くかかる」とか、具体的に「〜するには〜（時間）かかる」と言えます。

It will take a long time.（長い時間がかかるでしょう）
It takes you thirty minutes to get to the airport.
（空港に着くのに 30 分かかります）

BEST 12

Not at all.
とんでもないです。

🔊 [ナーラー**ロォ**]

3 語が 1 語のように聞こえます。Not は口を大きく開けて [ナ] と発音し、Not と at のつながる部分は [ラ] と [レ] の中間の音、at と all のつながる部分は日本語の [ロ] に似た音になります。all の l の音は [ル] ではなく、舌先を上の歯の裏側に付け [オ] のように聞こえます。

会話で使おう！

❶ お手伝いした相手に

A: Thank you for your help.
B: Not at all.

(A: 手伝っていただきありがとうございました。
  B: とんでもないです。)

❷ 車に乗った人に

A: Thanks for giving me a ride.
B: Not at all.

(A: 車に乗せてくれてありがとう。
  B: かまいませんよ。)

＊ give ～ a ride
　= ～を車に乗せる

3語フレーズ BEST 130

使い方のヒント

人に感謝されたときに、そのお礼の必要がないことを謙虚に表現するときのひと言です。「とんでもないです」とか「お礼なんて言わないでください。そんなに感謝されるようなことでは全然ありませんから」という意味です。「どういたしまして」の You're welcome. や My pleasure. と同じ場面で使えます。(☞ p.108 参照)

❸ 親切に感謝されて

A: That's very kind of you.
B: Not at all.

- **A:** ご親切にありがとうございます。
- **B:** とんでもないです。

表現ワンポイント

Not at all. は Would you mind 〜? (あなたは〜することを気にしますか → 〜してもらえませんか) と依頼され、それを引き受けるときに「いいえ、全然気にしませんよ」という意味でも使います。

A: Would you mind taking my picture?
B: Not at all.
A: 写真を撮っていただけませんか。　　B: いいですよ。

BEST 13

You name it.
あなたが決めてください。

[**ユーネイミッ(トゥ)**]

意味的に「あなた」が強調されるので、You を強く発音します。name と it は 1 つの単語のようにつながり、最後の t はほとんど聞こえず小さい[ッ]のようになります。

会話で使おう!

❶ 行き先を決める

A: Where would you like to go?
B: Any place. You name it.

A: どこに行きたいですか。
B: どこでもいいですよ。あなたが決めてください。

❷ 会議の時間

A: When should we have a meeting?
B: Anytime. You name it.

A: いつ会議をしましょうか。
B: いつでもいいですよ。あなたが決めてください。

3語フレーズ BEST 130

使い方のヒント

たとえば、約束の日や時間を決める際に、相手の都合にまかせてもいいという場合に使う表現です。「名前」という意味の name には、動詞で「名づける」とか「(日時などを) 指定する」という意味があります。

「あなたが決めて」は「決める」という意味の decide を使って You decide. とも言えます。これも You を強く発音しましょう。

③ 晩ご飯

A: **What do you want to eat for dinner?**
B: **Anything. You name it.**

- A: 晩ご飯は何にする？
- B: 何でもいいよ。君が決めて。

表現ワンポイント

You name it. は name を強く発音すると、「(何でも言ってみてください)何でもありますよ」という意味になります。

Jackets, sweaters, shirts—you name it, they've got it.
(ジャケット、セーター、シャツ、[店内には] 何でもありますよ)

He plays classical music, jazz, rock 'n' roll—you name it.
(彼はクラシック、ジャズ、ロックンロール、何でも弾くよ)

BEST 14

Might as well.

そうしてもいいね。

🔊 [マイラズ**ウェォ**]

might の t と as の a をつないで [ラ] のように発音します。また、well の発音は [ウェル] ではありません。最後の l は舌先を上の歯の裏側に付け [オ] のようになり、[ウェォ] と発音されます。

会話で使おう！

① 博物館に立ち寄る

A: Do you feel like visiting the museum?
B: Might as well. It's right over there.

> A: 博物館に行ってみたい？
> B: そうしてもいいね。すぐそこだよ。

② 行きましょうか

A: Shall we go?
B: Might as well.

> A: 行きましょうか。
> B: それがいいですね。

3語フレーズ BEST 130

使い方のヒント

人の提案や質問に対して、「そうですね」「せっかくだからそうしよう」「そのほうがよさそうですね」と軽く返すときに便利なひと言です。どちらかと言うと、あまり熱意のない返事として使います。たとえば、「(せっかくここまで来たんだから、ついでに近くにある博物館にも)立ち寄っていったほうがいいよ」などと言いたいときに使います。

❸ セールで

A: Should we buy some more?
B: Might as well. They are on sale now.

A: あといくつか買っておく？
B: そうだね。今セールだし。

表現ワンポイント

might as well の後ろに動詞を続けると、「〜したほうがいいね」の意味で文の中で使えます。また、might as well の後に〈have + 過去分詞〉を続けると「〜したほうがよかったかもしれない」と後悔の念を表します。

Cars are moving so slow! We might as well walk.
(車は本当にのろのろ運転だ！ これじゃあ歩いたほうがましだな)

This is a boring game! We might as well have stayed home.
(退屈な試合だなあ！ 家にいたほうがよかったかもね)

BEST 15

I mean it.

本気です。

🔊 [アイミーニッ(トゥ)]

mean の n と it の i をつないで [ニ] のように発音します。It の t はほとんど聞こえず、小さい[ッ]と同じ感じです。meanit のように mean と it が 1 つの単語だと思って発音してみましょう。

会話で使おう！

❶ 冗談ではない

A: Are you joking?
B: No. I mean it.

(A: 冗談でしょう？
  B: いいえ。本気です。)

❷ 本気です

A: I just can't believe what you said. Are you serious?
B: Yes. I mean it.

(A: あなたが言ったことはちょっと信じられないんだけど。本気で言ってるの？
  B: ええ。本気です。)

3語フレーズ BEST 130

使い方のヒント

「冗談で言っているわけではありません」と、自分が真剣であることを伝えたいときのひと言です。

mean は「意味する」という意味なので、I mean it. は、文字通りには「私はそれを意味しているのです」となります。「それ」とは「私が今あなたに言ったこと」、つまり「私の考えは、私が言ったことそのものです」→「私は本気で言っているんです」ということです。

③ 二度と許さない

A: I will never forgive you if you do that again, and I mean it.
B: OK. I promise not to.

A: もしもう一度やったら絶対許さないから。本気で言ってるんだよ。
B: わかった。しないって約束するよ。

表現ワンポイント

mean は疑問文や否定文でも使います。I didn't mean that. と言えば、「それを意味してはいなかった」→「悪気で言ったわけではありません」となります。

Do you really mean it? (本気でそう言っているんですか)
Don't get me wrong. I didn't mean that.
（誤解しないでください。そんな意味で言ったわけではありません）

BEST 16

Good for you!

よくやった！

🔊 [**グッ**フォ**ユ**ー]

Good と you を強く発音します。d の音はほとんど聞こえず、小さい [ッ] のようになります。for は強く発音しないので、[フォー] と長くは伸びず、[フォ] と軽い感じです。

会話で使おう！

❶ ずっと運転した

A: I drove all the way to Kyushu.
B: Good for you!

(A: 九州までずっと運転して行ったんだよ。
B: よくやったね！（すごい！）)

❷ 大会で優勝した

A: Listen! I won first prize in the competition!
B: Good for you!

(A: ねえ、聞いて！　大会で優勝したの！
B: やったね！)

3語フレーズ BEST 130

使い方のヒント

人が何かを成し遂げたときに「よくやった！」とか「がんばったね！」と褒めてあげる表現です。また、その人にいいことがあったときに、「おめでとう！」とか「よかったじゃない！」と言うときにも使えます。

第三者について「よくやったね」と言う場合は、you の代わりに him や her やその人の名前を入れます。

❸ 昇進した

A: Tom got a promotion!
B: Good for him!

A: トムが昇進したよ！
B: よかったね！

表現ワンポイント

相手が家族でも他人でも、英語は日本語よりも気持ちを込めて（少し大げさに）言葉で表現することが多いです。人が成し遂げたことを褒めたり称えたりする他の表現も覚えておきましょう。

That's great!（それはすごい！）　　**Good job!**（よくできました！）
Way to go!（よくやった！　がんばれ！）
Congratulations on passing the test!（試験合格おめでとう！）

BEST 17

I doubt it.

それはどうかな。

[アイ **ダ** ウリッ(トゥ)]

doubt の b は発音せず、t は it につながり、ラ行の [リ] の音のように発音します。it の t の音は消えて、小さな [ッ] のように聞こえます。

会話で使おう！

① 時間通りに来るか

A: Do you think he is coming on time?
B: I doubt it.

> A: 彼は時間通りに来ると思う？
> B: それはどうかな（疑わしいね）。

② 同意してくれるか

A: Will she agree with us?
B: I doubt it.

> A: 彼女は私たちに同意してくれるかな？
> B: それはどうかな（そうは思えないよ）。

3語フレーズ BEST 130

使い方のヒント

たとえば、「コンサートのチケットは、まだ残っているかなあ」と聞かれて、「そうは思わない」「さあ、どうかしら」「疑わしいね」などと言いたいときに使うひと言です。doubt は「疑う」という意味ですから、文字通り、「私はそれを疑う」ということですね。

I don't think so.（私はそうは思わない）と言うこともできます。

❸ タクシーに乗れるか

A: Do we have enough money to take a taxi?

B: I doubt it. We'd better take a train.

A: タクシーに乗るのに十分なお金はある？
B: ないんじゃない？ 電車で行ったほうがいいね。

表現ワンポイント

doubt は後ろに主語・動詞を続けると、「～だとはとうてい思えない」という意味になります。また、doubt は「疑い」という名詞としても使います。

I doubt that he stole the money.
（彼がお金を盗んだなんてとうてい思えません）

There's no doubt about that.（それには疑いの余地はないね）

BEST 18

What a shame!
そりゃ残念だ！

[ワ**ラシェ**ィム]

Whatとaを続けて発音します。Whatのtとその後のaはくっついて発音されますが、［タ］というよりも日本語の［ラ］のような音になります。shameは［シェーム］と伸ばさず、［シェイム］と強く発音されます。

会話で使おう！

① チャンピオンが負けた

A: The champion finally lost the match.
B: What a shame!

(A: チャンピオンがとうとう試合に負けたよ。
  B: そりゃ残念だ！)

② ミュージシャンが逮捕された

A: The famous musician got arrested for drunk driving.
B: What a shame!

(A: 有名なミュージシャンが飲酒運転で逮捕されました。
  B: それはけしからん！)

3語フレーズ BEST 130

使い方のヒント

shame は「恥」という意味でよく使いますが、「残念なこと」という意味もあります。ここでは、「残念だ」「まったくひどい話だ」「それはけしからん」など、がっかりした気持ちや、嘆かわしい感情を表します。

What a shame! は That's a shame! とも言えます。また、It's a shame の後に〈to + 動詞の原形〉や〈主語 + 動詞〉を続けると「〜だとは残念です!」「〜なんてもったいない話だ!」という意味になります。

❸ 事故でけがをした

A: He was seriously injured in an accident.
B: What a shame!

A: 彼は事故で重傷を負いました。
B: 何ともお気の毒です。

表現ワンポイント

「残念なこと」という意味の shame を文の中で使ってみましょう。It を主語にして、後ろに〈to + 動詞の原形〉や〈主語 + 動詞〉を続けます。

It's a shame to stay home on such a nice day.
(こんなに天気がいい日に家の中にいるなんて残念です[もったいない])

It's a shame you didn't participate in that program.
(あなたがそのプログラムに参加しなかったなんて残念です)

BEST 19

Quite a bit.

かなりですね。

[クワイラ**ビッ**(トゥ)]

Quiteは発音にwの音が入り、Quiteとaをつないで発音するので[クワイラ]となります。bitを強く発音し、最後のtはほとんど聞こえません。

会話で使おう！

① ショッピング

A: Do you often go shopping?
B: Yes. Quite a bit.

A: ショッピングにはよく行きますか。
B: はい。かなり行きますね。

② アメリカの歴史

A: Does he know about American history?
B: Yes. Quite a bit.

A: 彼はアメリカの歴史について知っていますか。
B: はい。かなり詳しいですよ。

3語フレーズ BEST 130

使い方のヒント

頻度の高さや量の多さを表すときの表現です。quite は「全く」、a bit は a little と同じように「少し」という意味です。ですから quite a bit は「本当に少し」という意味と思われがちですが、実は「かなりたくさん」という意味になるので注意しましょう。

❸ 英語は上達したか

A: Has her English improved?
B: Yes. Quite a bit.

> A: 彼女の英語は上達しましたか。
> B: はい。かなり上達しましたね。

表現ワンポイント

quite a bit about ～ [クワイラビラバウッ] とすると「～についてはかなり…だ」、quite a bit of ～ [クワイラビラ (ヴ)] なら「かなりの～を…だ」という意味で文の中で使うことができます。

Mayumi knows quite a bit about Korean movies.
(マユミは韓国映画についてかなり知っていますよ)

Bob has quite a bit of money.
(ボブはかなりのお金を持っていますよ)

BEST 20

You deserve it.

当然ですよ。

[ユーディ **ザー**ヴィッ(トゥ)]

deserveは[ザー]を強く発音しますが、あまり口を開かず[ザー]と[ズー]の中間くらいで発音しましょう。deserveとitは分けて発音せず、[ヴィッ]のようにつながります。

会話で使おう！

① 昇格した

A: I was promoted.
B: You deserve it.

(A: 私は昇格しました。
  B: 当然ですよ。)

② 一等賞になった

A: I won first prize.
B: You deserve it.

(A: 私は一等賞をもらいました。
  B: 当然ですね。)

3語フレーズ BEST 130

使い方のヒント

「受賞した」とか「昇給した」など、相手にいいことがあったことを聞いたとき、「あなたなら当然ね」とか「君はそれにふさわしいよ」など、その人の功績を称えるひと言です。deserve は「〜に値する」という意味です。

逆に「罰に値する」、つまり「それは自業自得だね」というように悪い内容についても使うことができます。

③ 最優秀社員賞をもらった

A: My company gave me the best employee award.
B: That's great! You deserve it.

A: 会社から最優秀社員賞をもらったよ。
B: すごい！ あなたなら当然ですよ。

表現ワンポイント

deserve の後ろに名詞を続けて、具体的に値する内容を述べることもできます。

You deserve a rest.（あなたは休んでもいいですよ[休みに値する]）
That event deserves more attention.
（その出来事はもっと注目されてもいい [さらなる注目に値する]）

BEST 21-25

21 ● 相手を気遣う
Are you okay (OK)?
🔊 [アーユー **オゥケイ** ↗]

22 ● 席を勧める
Have a seat.
🔊 [**ハ**ヴァ **スィ**ー(トゥ)]

23 ● よくないことを想定する
I'm afraid so.
🔊 [アイムアフ**レ**イッ(ドゥ)ソウ]

24 ● 電話の相手がだれか聞く
Who's calling, please?
🔊 [**フ**ーズ**コ**ーリンプ**リ**ーズ ↗]

25 ● 容姿を褒める
You look nice.
🔊 [**ユ**ールック**ナ**イス]

3語フレーズ BEST 130

▶▶ 大丈夫ですか。

解説 気分が悪そうな人や、通りでつまずいた人に、気遣って言うひと言です。okay (OK) は［オーケー］ではなく［オウケイ］と発音しましょう。

▶▶ お座りください。

解説 Sit down. とも言えます。Have の Ha は［ハ］と［ヘ］の中間音です。seat の発音は［シート］ではなく［ス］と［イ］を同時に発音して［スィー（トゥ）］となります。

▶▶ 残念ながらそのようです。

解説 あまりよくないことが起こりそうなときに使うひと言です。普通に「そう思います」は I think so.、いいことを想像して「そうなればいいと思います」と言いたいときには I hope so. です。

▶▶ どちら様ですか。

解説 電話がかかってきて、相手が誰かわからずに、丁寧に名前をたずねる表現です。who's は who is の短縮形、call は「電話する」という意味です。

▶▶ すてきですよ。

解説 相手の容姿を褒めるひと言です。英語では相手のことをよく褒めます。日本語では「褒めすぎでしょう」と思えるくらいでちょうどいいかもしれません。

BEST 26-30 CD 75

26 ● 準備ができたか聞く
Are you ready?
[アーユー**レ**ディ↗]

27 ● 別れるときに
Catch you later.
[キャッチュー**レ**イラー]

28 ● 後ですぐ会いそうなとき
See you around.
[スィーユーア**ラ**ウン(ドゥ)]

29 ● 行こうと提案する
Shall we go?
[シャオウィ**ゴ**ウ↗]

30 ● 待ってもらうとき
Just a minute.
[ジャスタ**ミ**ニッ(トゥ)]

3語フレーズ BEST 130

▶▶ 用意はできましたか。

解説 たとえば、レストランでの「ご注文はよろしいでしょうか」は「注文する準備はできましたか」と考え、Are you ready to order? となります。

▶▶ じゃあ、また。

解説 See you later. のくだけた言い方で、別れの場面でのひと言です。「また後で (later) あなたを捕まえる (catch you)」というイメージです。

▶▶ また後ほど。

解説 たとえば、パーティーで少し立ち話をしてから、「また後でこのパーティーの部屋でお会いするかもしれませんね」と言うような状況で使えます。

▶▶ 行きましょうか。

解説 Shall we ~? は「(私たちは) ~しましょうか」と相手に丁寧に提案する表現です。自分ひとりが相手に「~しましょうか」と言う場合は Shall I ~? とします。

▶▶ ちょっと待って。

解説 後ろに please を付けると丁寧になります。電話で「少々お待ちください」と言いたいときにも便利です。Just a second. [**ジャスタセケン**] とか One moment. [**ワンモウメン**] とも言います。

BEST 31-35

31 ● 待ちきれないとき
I can't wait.
[アイキャーン(トゥ)ウェイッ(トゥ)]

32 ● 成し遂げたとき
We made it!
[ウィメイディッ(トゥ)]

33 ●「少し」と返答する
A little bit.
[アリロビッ(トゥ)]

34 ● 疲れが見える人に
You look beat.
[ユールックビーッ(トゥ)]

35 ● 軽くたしなめる
Shame on you.
[シェイモンユー]

3語フレーズ BEST 130

▶▶ 待ち遠しいなあ。

解説 「もう待てない」と考えます。can't の t の音は、ほとんど聞こえません。can と区別するために、can't は can より強く長く発音されます。

▶▶ 間に合った！

解説 何とか終電に間に合ったときのような状況で使う表現です。何かを成し遂げて「やったね！」という意味でも使います。

▶▶ ちょっとね。

解説 たとえば、「お腹減った？」と聞かれたときの答えとして使います。Just a little bit. とも言います。

▶▶ お疲れのようですね。

解説 beat は「叩く」という意味の動詞ですが、ここでは「くたくたに疲れている」という形容詞です。You look tired. の口語的な表現です。

▶▶ だめじゃない。

解説 「だめじゃない」とか「ホントに困った人だ」と軽い気持ちや冗談で相手のした行為をたしなめる表現です。shame は、本来「恥」という意味です。

BEST 36-40

36 ● 助力に感謝を示す
Thank you anyway.
[サンキューエニウェイ]

37 ● 終わったか確認する
Are you done?
[アーユーダン↗]

38 ● 相手を招き入れる
Come on in.
[カモーニーン]

39 ● がんばり続けるよう励ます
Keep it up.
[キーピラッ(プ)]

40 ● 話を切り出す
You know what?
[ユノウワッ(トゥ)↗]

3語フレーズ BEST 130

▶▶ とにかく、ありがとう。

解説 「(結果的には役に立たなかったけれども) あなたのご好意には感謝します」と言いたいときのひと言です。anyway は「いずれにせよ」という意味です。th は舌と上下の歯の摩擦音です。

▶▶ 終わりましたか。

解説 たとえば、作業や仕事が終わったように見える人に対して、終わったのかどうかを確認するために使います。Are you finished? とも言えます。

▶▶ どうぞお入りください。

解説 誰かが部屋のドアをノックしたり、家に訪ねてきたりしたときに、「どうぞ」と招き入れるときの表現です。comonin という 1 語だと思って発音しましょう。

▶▶ その調子でがんばって。

解説 一生懸命何かに取り組んでいる人に対して、「今まで通りがんばって」と励ます言い方です。「たゆまず努力をキープする」と考えます。

▶▶ あのね。

解説 話を切り出すときに使います。「何を言おうとしているかわかる?」と考えます。You know something? や Guess what. とも言います。
(☞ p.136 参照)

BEST 41-45

41 ● そうでないことを望む
I hope not.
[アイホウプ **ナ** ッ(トゥ)]

42 ● 相手を鼓舞する
Do your best.
[**ドゥ**ーヨー**ベ**ス(トゥ)]

43 ● 相手の言動にうんざりして
Enough is enough!
[イ**ナ**フィズイ**ナ**フ]

44 ● 人に物を差し出すとき
Here you are.
[**ヒ**ァユー**ア**ー]

45 ● 自分が応対・応答するときに
I'll get it.
[**ア**イォ**ゲ**リッ(トゥ)]

3語フレーズ BEST 130

▶▶ そうでないならいいんだけど。

解説 「そうならいいんだけど」はI hope so.ですが、それの否定は、soをnotに変えるだけでOKです。「私はそうでないことを望む」と考えます。

▶▶ ベストを尽くしなさい。

解説 doは「目的意識を持って実行する」というイメージです。「私はできる限りやりました」はI did my best.となります。

▶▶ もうそのくらいでやめなさい！

解説 enough（十分）という言葉を2度繰り返しているわけですから、「十分と言ったら十分だ」ということですね。「もううんざりだ」という意味でもあります。

▶▶ はい、どうぞ。

解説 人に物を差し出すときに、無言ではなくひと言この表現を言い添えましょう。Here you go.［**ヒ**アユー**ゴ**ウ］やHere it is.［**ヒ**アイ**リ**ーズ］でもOKです。

▶▶ 私が出ます。

解説 玄関のドアに誰かが来たときや、電話が鳴ったときに、自分が応対・応答することを、近くにいる人に告げるひと言です。

BEST 46-50 (CD 77)

46
● たくさんあるとき
A whole lot!
🔊 [アホゥラッ(トゥ)]

47
● 部屋を散らかした子供に
Put it away.
🔊 [プリラウェイ]

48
● 別れたカップルについて
They broke up.
🔊 [デイブロゥカッ(プ)]

49
● お礼を言う
Thanks a lot.
🔊 [サンクサラッ(トゥ)]

50
● 相手に感謝する
Thanks to you.
🔊 [サンクストゥユー]

3語フレーズ BEST 130

▶▶ とってもたくさん！

解説 a lot（たくさん）を強調したカジュアルなひと言です。an awful lot という表現もあります。たとえば、「お金をいくらぐらい使った？」と聞かれ、「たくさん！」と答えたいときに使えるひと言です。

▶▶ 片づけなさい。

解説 3語ともつないで発音します。put と it の t の音はいずれもラ行の音のようになります。おもちゃを片づけるのであれば、Put your toys away. です。

▶▶ 彼らは別れちゃったよ。

解説 broke up は break up（別れる）の過去形です。break は「壊す」や「割る」だけではなく、「急に今までの状態を断つ」という意味もあります。th は舌と上下の歯を摩擦させる音です。

▶▶ どうもありがとう。

解説 a lot を後ろに付け加えて Thanks. を強調します。th の発音をカタカナで [サ] と示していますが、本来は、舌と上下の歯を摩擦させる音です。

▶▶ おかげさまで。

解説 日本語で「おかげさまで」と言うと、「周囲の人たちのおかげで」という意味もありますが、英語では、その人（you）が実際に役に立ってくれたときに使います。

BEST 51–55

51 ● 気持ちのいい天気の日に
A beautiful day.
[ア**ビ**ューリフォ**デ**ィ]

52 ● そうだと返す
It sure is.
[**イ**ッ(トゥ)ショ**リ**ーズ]

53 ● 行動するようにさとす
Just do it!
[ジャス**ドゥ**ーイッ(トゥ)]

54 ● 相手と同じだと言う
So am I.
[**ソ**ゥアム**ア**イ]

55 ● 会ったことがあるような人に
You look familiar.
[**ユ**ールックファ**ミ**リア]

3語フレーズ BEST 130

▶▶ いい天気ですね。

解説 It's a beautiful day. の It's が省略された形です。beautiful の代わりに nice を使うこともできます。beautiful の ti は、ラ行の［リ］を軽く発音する感じです。

▶▶ 本当にそうですね。

解説 たとえば、(It's) a beautiful day (today).（今日は天気がいいですね）と言われて、「本当にそうですね」と返すときに使います。

▶▶ 黙ってやりなさい！

解説 「いろいろ言わずに、ただやればいいんですよ」ということです。ぐずぐずしていたり、言い訳をして行動に移さない人に対して使うひと言です。Just の t の音は消えがちです。

▶▶ 私もよ。

解説 たとえば、I'm tired.（私は疲れました）と言われた後、「自分もそうだ」と言いたいときに使います。もちろん、Me, too. と言うこともできます。

▶▶ あなたに見覚えがあります。

解説 会ったことはあると思うけれども、誰だか思い出せないというときに使うひと言です。familiar は「よく知っている」という意味です。

BEST 56-60

56
● 本気なのか確認する

Are you serious?
🔊 [アーユースィアリアス↗]

57
● もう食べられないとき

I've had enough.
🔊 [アィヴハディナフ]

58
● 干渉されたくないとき

Leave me alone.
🔊 [リー(ヴ)ミーアロゥン]

59
● 間一髪だった

That was close.
🔊 [ダッワズクロゥス]

60
● 何が問題かを聞く

What's the matter?
🔊 [ワッツダマラー↘]

3語フレーズ BEST 130

▶▶ 本気かい？

解説 serious は「まじめな」「真剣な」という意味です。serious は［シリアス］ではなく［スィアリアス］のように発音します。

▶▶ もう十分です。

解説 たとえば、ご飯のおかわりを勧められて、「いいえ、もう十分いただきました」とか「もう食べられません」と言いたいときに便利な表現です。had の ha は［ハ］と［ヘ］の間で発音します。

▶▶ ほうっておいて。

解説 人に干渉してほしくないときに使う表現です。leave は「〜のままにしておく」という意味です。英語では、「私を一人のままにしておく」と発想します。

▶▶ 危なかった。

解説 危険をギリギリで回避することができたときに使うひと言です。close は「近い」という意味で、［クロウズ］ではなく［クロウス］と発音します。th はカタカナで［ダ］と示していますが、舌と上下の歯の摩擦音です。

▶▶ どうかしましたか。

解説 What's wrong? とも言えます（☞ p.96 参照）。matter は「問題」という意味で、「問題は何なのか」とたずねます。matter の ma は［マ］と［メ］の中間で発音しましょう。

BEST 61–65

61 ● 関心がないと言う
I don't care.
[アイドンケァ]

62 ● 親しい人へのあいさつ
How's it going?
[ハウズィッゴウイン↘]

63 ● 誘いを断る
Maybe next time.
[メイビネクスタイム]

64 ● アドバイスを聞かなかった相手に
I told you.
[アイトゥジュー]

65 ● 不当な扱いを受けたとき
That's not fair!
[ダッツナッ(トゥ)フェア]

3語フレーズ BEST 130

▶▶ そんなこと、どうだっていいよ。

解説 あることについて関心や興味がないことを表すひと言です。そっけなく聞こえることもあるので、言い方に注意しましょう。

▶▶ 調子はどう？

解説 親しい人に会ったときのあいさつで、How are you? のくだけた言い方です。How's は How is の短縮形で、it とつないで発音します。How's everything? とも言えます。（☞ p.114 参照）

▶▶ また別の機会に。

解説 誘われたけれども、都合がつかず断るときのひと言です。Can I have a rain check? と言えば、「また誘ってね」という意味になります。next の t の音は消え、time につながります。

▶▶ だから言ったでしょう。

解説 自分がアドバイスしたのに、その人がそれを受け入れなかったために、たいへんなことになったときに使う表現です。told と you は 1 語のように［**ト**ウジュー］と発音します。

▶▶ ずるい！

解説 自分が不当な扱いをされたことを訴える表現です。fair は「公平な」という意味です。not の t の音は小さな［ッ］のようになり fair につながります。

BEST 66-70

66 ● 新年にも年末にも
Happy New Year!
🔊 [ハピニュイァ]

67 ● 同じ言葉を返すときに
Same to you.
🔊 [セイムトゥユー]

68 ● 買う予定のないとき
I'm just looking.
🔊 [アイムジャス(トゥ)ルキン]

69 ● 冗談だと明かす
I'm just kidding.
🔊 [アイムジャス(トゥ)キディン]

70 ● 質問の理由は特にない
I'm just curious.
🔊 [アイムジャス(トゥ)キュアリアス]

3語フレーズ BEST 130

▶▶ よいお年を！

解説 新年の挨拶ですが、年の瀬に「よいお年をお迎えください」という意味でも使います。Happy の出だしの発音は「ハ」と「ヘ」の中間の音です。

▶▶ あなたもね。

解説 たとえば、Merry Christmas!（楽しいクリスマスを！）と言われたら、こう返してみましょう。もちろん Merry Christmas! と言い返しても OK ですよ。

▶▶ 見ているだけです。

解説 店員さんに May I help you?（何かお探しですか）と言われたとき、何も買う予定がない場合に使います。後ろに thank you を付けると丁寧になります。

▶▶ 冗談だよ。

解説 kid は「冗談を言う」という意味の動詞です。No kidding! と言えば、「冗談やめてよ！」とか「うっそ〜！」という意味です。（☞ p.88 参照）

▶▶ どうなのかなと思って。

解説 「どうしてそんなことを聞くの？」と言われ、「いや、何となく思っただけで、別に深い意味はありません」というような状況で使うひと言です。

BEST 71–75

71 ● 笑っている理由を聞く
What's so funny?
[ワッツソゥファニー↘]

72 ● 恥ずかしがっている人に
Don't be shy.
[ドゥンビシャイ]

73 ● 相手の気持ちがわかる
I can tell.
[アイキャンテォ]

74 ● 相手に確かめる
Are you sure?
[アーユーショー(ァ)↗]

75 ● 快諾するときに
Be glad to.
[ビグラットゥ]

3語フレーズ BEST 130

▶▶ 何がそんなにおかしいの？

解説 自分の言動を人に笑われたときなどに、笑われている理由をたずねる表現です。funny は「おかしい」という意味の形容詞です。

▶▶ 恥ずかしがらずに。

解説 shy は「恥ずかしがりの」とか「内気な」という意味の形容詞です。Don't を付けて「〜しないように」という否定の命令文にします。

▶▶ わかるんだよ。

解説 文の後に付け足して、「あなたが言わなくても私にはわかりますよ」とか「顔に書いてありますよ」と言いたいときに使います。

▶▶ 間違いない？

解説 sure は「確信している」という意味の形容詞で、「確かですか」と聞いています。sure は［シュアー］というよりも［ショー(ァ)］と発音しましょう。

▶▶ 喜んで。

解説 たとえば、「手伝ってもらえませんか」と言われたときに、快く引き受けるひと言です。I will be glad to help you. の I will と help you を省いた形です。

BEST 76-80

76 ● 相手を褒める
I admire you.
[アイアド**マ**イアユー]

77 ● 食事を始める人に
Enjoy your meal.
[エン**ジョ**イヨー**ミ**ーォ]

78 ● あいまいに聞く
What's it like?
[**ワ**ッツィッ(トゥ)**ラ**イクゝ]

79 ● 確かだと請け合う
That's for sure.
[**ダ**ッツフォ**ショ**ー(ア)]

80 ● お礼への返答
Don't mention it.
[**ド**ゥン**メ**ンシュニッ(トゥ)]

3語フレーズ BEST 130

▶▶ 君は立派だ。

解説 相手の態度や行為を褒めるときのひと言です。admire は「敬服する」とか「褒める」という意味です。

▶▶ ごゆっくりどうぞ。

解説 ウエイターやウエイトレスがお客に注文の料理を出すとき、その料理名の後に添える表現です。英語では「食事を楽しんでください」となります。

▶▶ それってどんな感じ？

解説 「それは何ですか」と聞くときは What is it? ですが、それはどのようなものなのかをたずねる場合は、後ろに「〜のような」という意味の like を付けます。

▶▶ それは確かです。

解説 たとえば、何かを述べた後、「それは間違いないです」と付け加えて使うひと言です。for sure は「確かな」とか「確実に」という意味です。th は舌と上下の歯を摩擦させる音です。

▶▶ お礼には及びません。

解説 Thank you. などのお礼の言葉に対する返事です。mention は「〜を言う」という意味の動詞です。「それ（お礼の言葉）を言わないで」と言っているわけです。

BEST 81–85

81 ● 昔をなつかしむ
Good old days.
[グッドゥデイズ]

82 ● 選択を促す
It's your choice.
[イッツヨーチョイス]

83 ● 困ってしまって
I'm in trouble.
[アイミントゥラボォ]

84 ● たいへんだった日に
What a day!
[ワラデイ]

85 ● 思いがけず会った人に
What a coincidence!
[ワラコウインスィデンス]

3語フレーズ BEST 130

▶▶ なつかしいなあ。

解説 古きよき時代を想って使う表現です。「なつかしいなあ」とか「昔はよかったなあ」と言いたいときに使います。

▶▶ 選ぶのは君だ。

解説 「あなたが自由に選んでください」ということです。choice は choose（選ぶ）の名詞で「選択」という意味です。The choice is yours. とも言えます。

▶▶ 困ったことになりました。

解説 「私は trouble（困ったこと）の中にいる」という比喩表現です。I'm in hot water. とも言います。tr は 1 つの音として捉え、同時にすばやく発音しましょう。

▶▶ なんて日なんだ！

解説 day の前に busy（多忙な）とか hard（たいへんな）という語が省かれていると考えます。what と a がつながり［ワラ］と発音します。

▶▶ 偶然ですね！

解説 coincidence は「偶然」という意味です。思いもよらず人に偶然会ったときなどに使う驚きを表すひと言です。That's a coincidence. とも言います。

BEST 86-90 CD 81

86 ● 相手の話に理解を示す
I can imagine.
[アイキャニマジン]

87 ● 重要でないと言う
It doesn't matter.
[イッダズンマラー]

88 ● 反対する
I'm against that.
[アイマゲンスッダッ(トゥ)]

89 ● 力尽きたとき
I give up.
[アイギヴァッ(プ)]

90 ● 励ます
You're almost there.
[ヨーオーモウスデア]

3語フレーズ **BEST 130**

▶▶ よくわかるよ。

解説 たとえば、何かの出来事について人が説明しているときに、「言っていること、想像できるよ」と、相手の気持ちを思いやって使うあいづちです。imagine の ma は［マ］と［メ］の中間で発音しましょう。

▶▶ それでかまわないよ。

解説 matter は「重要である」という意味の動詞です。「それは重要ではない」、つまり、「どうでもいい」「かまわない」ということになります。matter の ma も［マ］と［メ］の中間で発音します。

▶▶ 私はそれには反対です。

解説 against は「〜に反対だ」という意味です。that の th はカタカナの［ダ］で表記していますが、舌を上下の歯に挟み摩擦させる音です。

▶▶ 降参。

解説 たとえば、クイズなどの答えがわからずに、「私はもう降参。答えを教えて」などというときに使うひと言です。give up は「あきらめる」「やめる」という意味です。

▶▶ あと一息だ。

解説 「がんばれ！　あと一歩だ」などと励ましの言葉をかけてあげたいときに使います。there は［デア］としていますが、［デ］の音は舌を上下の歯の間に挟んで発音します。

BEST 91-95

91
● 軽い疑問を表す
I wonder why.
[アイワンダーワーイ]

92
● 判断を相手に任せるとき
Either will do.
[イーダーウィォドゥー]

93
● 段差などがあるとき
Watch your step.
[ワッチョステッ(プ)]

94
● 話の内容を保証する
I'm telling you.
[アイムテリンギュー]

95
● どうしたのか聞く
What's going on?
[ワッツゴウイゴーン↘]

3語フレーズ BEST 130

▶▶ どうしてだろう。

解説 wonder の後ろには疑問詞（why や what など）が続いて「〜かなあと思う」という意味になります。ここでは「なぜかなあと思う」ということです。

▶▶ どちらでもいいですよ。

解説 do は「役に立つ」というイメージで考えましょう。たとえば、ペンと鉛筆のどちらがいいかたずねられ、「どちらか（either）が役に立つ」ということです。Either will be fine. とも言います。

▶▶ 足元に気をつけて。

解説 道に段差があるときや暗闇の中を歩くときなど、相手に注意を喚起するために使います。あなたの歩み（step）をよく見なさい（watch）ということです。

▶▶ 本当なんだよ。

解説 自分が何かを言った後、「自分の言っていることは本当なんだから！」と言い添えたりするときに便利です。

▶▶ 何事？

解説 「一体どうしたの？」とか「ここで何が起こっているの？」と相手にたずねる表現です。「やあ、元気？」のようなカジュアルなあいさつとしても使います。

BEST 96-100

96
● ハイタッチするとき
Give me five!
[ギミ**ファ**ーイヴ]

97
● できないことがあるとき
I'm all thumbs.
[アイム**オー サ**ムズ]

98
● 話を促す
I'm all ears.
[アイ**モー リ**ァーズ]

99
● たいしたことはないと返す
What about it?
[ワラ**バ**ウリッ(トゥ)↘]

100
● 相手が理解してくれたとき
You got it.
[ユ**ガー**リッ(トゥ)]

3語フレーズ BEST 130

▶▶ やったね！

解説 何かを成し遂げたときに「よっしゃ～！」とか「やったね！」と片手でハイタッチをするときの表現です。「君の5本の指をちょうだい」ということですね。ちなみに、「ハイタッチ」は和製英語です。

▶▶ 私は不器用なんです。

解説 もし指が全部親指（all thumbs）だったとしたら、器用に作業はできません。thumbs の th は［サ］と表記していますが、舌と上下の歯の摩擦音です。

▶▶ ちゃんと聞くから話して。

解説 人に話を促すときのひと言です。all ears は「全部耳」ということですから、全身が耳になったように興味を持って耳を傾けているというイメージです。

▶▶ それがどうしたの？

解説 相手が言ったことに対して「だからどうだと言うんだ」「たいしたことないじゃない」という意味で使います。what と about の t はラ行の音のように発音します。

▶▶ その通り。

解説 相手の言ったことに対して、「そういうことです」とか「やっとわかったね」と言いたいときのひと言です。get (got) は「（人の言葉を）理解する」という意味です。

BEST 101–105

101
● 誠実さを信頼して
I trust you.
🔊 [アイトゥ**ラ**スチュー]

102
● 違いを聞く
What's the difference?
🔊 [ワッツダ**ディ**ファレンス↘]

103
● パーティーに来る人に
Just bring yourself.
🔊 [**ジャ**スブリンギョー**セ**ォフ]

104
● どうなるかわからないと返す
You never know.
🔊 [ユ**ネ**ヴァノゥ]

105
● 偶然会った人に
Look who's here!
🔊 [ルック**フー**ズヒァ]

3語フレーズ BEST 130

▶▶ 信用してるよ。

解説 trust はその人の誠実さを、believe はその人が言ったことを信じる、という違いがあります。trust と you をくっつけて発音しましょう。

▶▶ どう違うの？

解説 英語では、「違い(difference)は何か(what)」と聞きます。日本語の「どう」にひきずられて how を使わないように。the の th は舌と上下の歯の摩擦音です。

▶▶ 手ぶらで来てください。

解説 たとえば、「パーティーには何を持って行ったらいい？」と聞かれたときのひと言です。「自分自身だけを持って来て」、つまり「手ぶらで」ということです。

▶▶ それは何とも言えないね。

解説 たとえば、「宝くじなんか当たらないよ」という話をしていて、「何が起こるか誰にもわからないよ（当たるかもしれないよ）」と言いたい状況で使えます。

▶▶ おや、誰かと思ったら！

解説 「君にこんなところで会うなんて」のように、会うと予想していなかった人に偶然会ったときの驚きのひと言です。Fancy meeting you here! とも言います。

BEST 106–110 (CD 83)

106 ● 説明をする前に
Tell you what.
🔊 [**テォ**ユー**ワ**ッ(トゥ)]

107 ● うまくやった人を褒める
There you go.
🔊 [**デ**ァユ**ゴ**ゥ]

108 ● こちらが支払うと言う
It's on me.
🔊 [イッ**ツ**ォン**ミ**ー]

109 ● 人の悪口を言う相手に
You should talk.
🔊 [**ユ**ーシュッ**ト**ーク]

110 ● 相手の依頼に応えて
Be my guest.
🔊 [**ビ**マイ**ゲ**ス(トゥ)]

3語フレーズ BEST 130

▶▶ じゃあ、こうしよう。

解説 何かを思いついて、それを相手に説明する前に添えるひと言です。「ねえ、ちょっと聞いて」という場合でも使えます。文頭に I'll が省略されています。

▶▶ 君、それでいいんだよ。

解説 たとえば、最初はうまくいかなかった相手の行動や仕事が、やっとうまくいったときにかけてあげるひと言です。there の th はカタカナで [デ] と示していますが、舌と上下の歯の摩擦音です。

▶▶ 私のおごりです。

解説 me の前に on を忘れないようにしましょう。It's と on をつないで [イッツォン] と発音しましょう。「おごるよ」は My treat. とも言います。（☞ p.118 参照）

▶▶ 人のことは言えないでしょう。

解説 自分のことは棚に上げて人の悪いところを批判する人に対して、「それはあなたじゃないですか」とか「あなたには言われたくない」と言いたい場合に使います。

▶▶ ご遠慮なく。

解説 たとえば、May I use your PC?（あなたのパソコンを使ってもいいですか）と聞かれて、「どうぞ、どうぞ」と言いたいときの表現です。

BEST 111–115

111
● 感心する
Isn't that something?
[イズンダッサムスィン]

112
● すぐ行動するよう促す
Now or never.
[ナウオァネヴァ]

113
● 話の筋が通っているときに
That makes sense.
[ダッメイクスセンス]

114
● 悪いことが繰り返したときに
Just my luck.
[ジャスマイラック]

115
● 相手の言うことに従う
Whatever you say.
[ワレヴァユーセイ]

3語フレーズ BEST 130

▶▶ すごいじゃないの。

解説 「何かすごくないですか。すごいですよね」という意味です。疑問文ですが、発音は下げ調子です。that と something の th は舌と上下の歯の摩擦音です。

▶▶ 今を逃すと機会はないよ。

解説 ためらっている人に対する励ましの表現です。「今(now)手に入れるか、そうでなければ(or)、全然(never)手に入りませんよ」ということです。

▶▶ わかります。

解説 make sense は「(説明などの)意味がわかる」とか「道理にかなっている」という意味です。that の th は舌と上下の歯の摩擦音です。

▶▶ またダメだ。

解説 運が悪いことが自分に繰り返して起こってしまって、「まただよ、全く」とか「またしてもだめか」などと言いたいときの表現です。

▶▶ おっしゃる通りにいたします。

解説 相手の言うことに100％従うことを伝えるためのひと言です。whatever は「何でも」という意味です。「あなたの言うことは何でも」と発想します。

BEST 116–120 CD 84

116
● 相手の強い申し出に
If you insist.
🔊 [イフューイン**スィ**ストゥ]

117
● すばらしい話に
How about that!
🔊 [**ハ**ゥアバゥッ**ダ**ーッ(トゥ)]

118
● 納得する
That explains it.
🔊 [**ダ**ーリクスプ**レ**インズィッ(トゥ)]

119
● 人に何かを貸すときに
It's all yours.
🔊 [イッ**ツ**ォー**ヨ**ーズ]

120
● 納得した相手に
Now you're talking.
🔊 [**ナ**ゥヨー**ト**ーキン]

3語フレーズ BEST 130

▶▶ どうしてもとおっしゃるなら。

解説 相手からの強い申し出に対して、こちらが折れるときの表現です。insist は「主張する」という意味ですから、「そこまでおっしゃるなら」となります。

▶▶ すごい！

解説 賞賛されるに値するすばらしいことを聞いて、「へえ～！」とか「これは驚いた！」と言うときに使います。that の th は舌と上下の歯の摩擦音です。

▶▶ なるほど。

解説 「なるほど、そういうことか」と納得するひと言です。explain は「説明する」という意味で、「そのことがすべてを説明している」と考えます。

▶▶ 好きなように使っていいよ。

解説 たとえば、コピー機やトイレなど、「私は使い終わりました。気兼ねなく（思う存分）使っていいですよ」と言いたい状況で使う表現です。「それ (it) は、すべて (all) あなたのもの (yours) です」という発想です。

▶▶ そうこなくっちゃ。

解説 相手にようやく納得してもらえて、「やっとそう言ってくれたね」とか「やっとわかったようだね」と言うときのひと言です。

BEST 121–125

121 ● 無理しないようにと気遣う
Just be yourself.
🔊 [ジャスビヨーセォフ]

122 ● 強い意志を示す
Rain or shine.
🔊 [レィノァシャイン]

123 ● 驚かされたとき
You scared me.
🔊 [ユースケアドゥミー]

124 ● 強く同意する
By all means.
🔊 [バィオーミーンズ]

125 ● 先例のない驚くような話に
That's unheard of.
🔊 [ダッツァンハーダヴ]

3語フレーズ BEST 130

▶▶ いつもの君でいいんだよ。

解説 たとえば、がんばりすぎている人に対して、「無理するな」「君らしく」など、相手を気遣い、落ち着かせるために使うひと言です。

▶▶ どんなことがあっても。

解説 「必ず〜する」ということです。rain は「雨」、shine は「晴れ」ですから、「雨が降っても降らなくても（〜するよ）」という意味でも使います。

▶▶ あ〜、びっくりした。

解説 驚きを表すとき、日本語では自分が「びっくりした」と言いますが、英語では「あなたは (you) 私を (me) 怖がらせた (scared)」と言います。

▶▶ ぜひどうぞ。

解説 たとえば、Can I bring Chris to the party?（クリスをパーティーに連れて来てもいいですか）と聞かれて、「もちろん」「ぜひ」と返すときのひと言です。

▶▶ そんなの聞いたことがありません。

解説 相手が話した内容について、自分は聞いたことがない、先例がなく前代未聞であると言うときに使う表現です。太字の［ハ］は、［ハ］と［フ］の間くらいで発音しましょう。

BEST 126–130 CD 85

126 ● 価値があると伝える
It's worth it.
🔊 [イッツ **ワ**ースィッ(トゥ)]

127 ● 人が達成したことを称える
Way to go!
🔊 [**ウェ**イトゥ**ゴ**ゥ]

128 ● 奮闘している人を激励する
Hang in there.
🔊 [ハン**ギ**ンデァ]

129 ● 重要点を指摘する
That's what counts.
🔊 [**ダ**ッツワッ**カ**ウンツ]

130 ● 相手の努力を後押しする
Stick to it!
🔊 [ス**ティ**ックトゥーイッ(トゥ)]

3語フレーズ BEST 130

▶▶ それだけの価値はあるよ。

解説 worth は「〜の価値がある」という意味です。It's worth buying. とすると「買う価値がある」となります。th の発音は舌と上下の歯の摩擦音です。

▶▶ よくやった！

解説 たとえば、I won the competition!(大会に優勝したよ！)に対して、「いいぞ！」とか「その調子！」と、人が達成したことを称えるひと言です。

▶▶ あきらめないで。

解説 hang は本来「ぶらさがる」という意味です。試験勉強に取り組んでいる人や、困難に直面している人を激励するときに使います。th は［デ］と表記していますが、舌と上下の歯の摩擦音です。

▶▶ それが大切なんだ。

解説 たとえば、相手が努力しているということを耳にして、「そうだよ、君のように努力することが大切なんだ」という状況で使える表現です。count は「重要だ」という意味です。

▶▶ 最後までがんばれ！

解説 「英語は難しい」などと言われたときに相手を励ますためのひと言です。stick は「くっつく」という意味で、「困難にもくらいついてがんばれ」ということです。

みちくさ講座 ❸

「いらっしゃいませ」は May I help you? と同じ？

　洋服を買いにお店に入ると、日本では、まず店員さんが「いらっしゃいませ」とお客さんに声をかけます。そして、お客さんは何も返すことなく、店内で品定めをします。

　英語では、まず店員さんとお客さんが、お互いに Hello. と声をかけ笑顔であいさつをします。May I help you? はその後です。また、May I help you? と言われたら、黙っているわけにはいきません。「いらっしゃいませ」とは異なり、May I help you? は疑問文です。何か答えないといけませんね。具体的に何かを探しているのなら、たとえば、I'm looking for a sweater. (セーターを探しています) と言いましょう。

　何も買う予定がなければ、I'm just looking, thank you. と言います (☞ p.208 参照)。「ただ見ているだけです」と言うと、日本語では失礼な感じがしますが、英語ではまったく大丈夫です。

英語さくいん

超ミニフレーズをアルファベット順に並べたさくいんです。フレーズの検索や覚えたかどうかの確認にご利用ください。

A

A beautiful day. ………… 202
A little bit. ………………… 194
A whole lot! ……………… 200
Absolutely! ………………… 52
Absolutely not. ………… 130
After you. ………………… 110
Again? ……………………… 60
All right. ………………… 116
All set! …………………… 100
Almost! …………………… 40
Already? …………………… 56
Amazing! …………………… 58
Anything else? ………… 122
Anytime. …………………… 26
Anyway … ………………… 62
Are you done? ………… 196
Are you okay (OK)? …… 190
Are you ready? ………… 192
Are you serious? ……… 204
Are you sure? …………… 210
Awesome! ………………… 42

B

Be glad to. ……………… 210
Be my guest. …………… 224
Behave yourself! ……… 112
Big deal. ………………… 112
Bless you. ………………… 108
Bottoms up! ……………… 122
Boy! ………………………… 32
Buckle up. ……………… 140
By all means. …………… 230

C

Calm down. ……………… 114
Can't be! ………………… 118
Catch you later. ……… 192
Certainly. ………………… 46
Check, please. ………… 126
Cheers! …………………… 36
Come on! ………………… 108
Come on in. …………… 196
Congratulations! ……… 34
Cool! ……………………… 20
Could be. ………………… 124
Cut it out! ……………… 166

D

Definitely! ………………… 44
Dig in! …………………… 110

Do your best.	198
Don't be shy.	210
Don't forget.	140
Don't mention it.	212

E

Either way.	132
Either will do.	218
Enjoy!	60
Enjoy your meal.	212
Enough is enough!	198
Exactly.	38
Excellent!	56
Excuse me.	68
Excuse us.	118

F

Forget it.	122

G

Gee!	58
Get out!	128
Give me five!	220
Go ahead.	72
Go for it!	168
Go on.	140
Good for you!	180
Good guess.	128
Good job!	108
Good luck!	112
Good old days.	214
Good point.	112
Good question.	128
Gosh!	64
Got it.	92
Grow up!	138
Guess what.	136

H

Hang in there.	232
Happy New Year!	208
Hard luck.	112
Have a seat.	190
Have fun!	110
Help yourself.	86
Here you are.	198
Hold it!	124
Hold on.	140
Honey!	58
Hopefully.	48
How about that!	228
How about you?	162
How come?	90
How nice!	136
How's everything?	114
How's it going?	206
Hurry up!	134

I

I admire you.	212
I agree.	120
I apologize.	142
I appreciate it.	156

I bet.	128
I can imagine.	216
I can tell.	210
I can't wait.	194
I don't care.	206
I doubt it.	182
I give up.	216
I guess.	146
I hope not.	198
I know.	118
I mean …	124
I mean it.	178
I promise.	136
I see.	70
I told you.	206
I trust you.	222
I wonder why.	218
I'll get it.	198
I'll say.	142
I'm afraid so.	190
I'm against that.	216
I'm all ears.	220
I'm all thumbs.	220
I'm coming.	84
I'm exhausted.	142
I'm fine.	132
I'm full.	122
I'm home!	138
I'm impressed!	144
I'm in trouble.	214
I'm just curious.	208
I'm just kidding.	208
I'm just looking.	208
I'm leaving.	138
I'm not sure.	160
I'm starving.	114
I'm stuffed.	122
I'm telling you.	218
I've had enough.	204
If possible.	144
If you insist.	228
Impossible!	50
Isn't that something?	226
It depends.	106
It doesn't matter.	216
It happens.	144
It sure is.	202
It's all yours.	228
It's on me.	224
It's worth it.	232
It's your choice.	214

J

Join us.	132
Just a minute.	192
Just about.	102
Just be yourself.	230
Just bring yourself.	222
Just do it!	202

Just in case.	150
Just my luck.	226
Just right.	114

K

Keep it up.	196
Kind of.	116

L

Leave me alone.	204
Let me see.	158
Look.	30
Look who's here!	222
Lucky you!	114

M

Maybe.	24
Maybe next time.	206
Maybe not.	132
Me, neither.	130
Might as well.	176
My pleasure.	108
My treat.	118

N

Never!	62
Never mind.	146
No complaints.	142
No excuse.	134
No kidding!	88
No problem.	136
No rush.	126
No way!	94
No wonder.	104
No worries.	130
Not again.	116
Not at all.	172
Not bad.	136
Not really.	82
Not yet.	124
Nothing.	28
Now.	54
Now or never.	226
Now what?	132
Now you're talking.	228

O

Of course.	110
Oh, my goodness!	154
Okay. (OK.)	62
One moment.	124
Oops.	62
Ouch!	58

P

Pardon?	64
Pardon me.	128
Perfect!	60
Please!	58
Poor thing.	144
Pretty good.	126
Probably.	60
Put it away.	200

Q

Quite a bit. 186

R

Rain or shine. 230
Really? 22
Right. 54
Right now. 76

S

Same here. 146
Same to you. 208
say 62
Say cheese. 118
Say when. 144
See? 56
See you. 108
See you around. 192
Shall we go? 192
Shame on you. 194
Shoot! 54
Small world. 146
So am I. 202
So what? 134
Sorry. 16
Sounds good! 74
Stick to it! 232
Superb! 56
Sure. 18
Sure thing. 134

T

Ta-da. 60
Take care. 80
Take it easy. 152
Take your time. 170
Tell you what. 224
Terrific! 64
Thank goodness. 126
Thank you anyway. 196
Thanks. 14
Thanks a lot. 200
Thanks to you. 200
That explains it. 228
That makes sense. 226
That was close. 204
That's about it. 164
That's for sure. 212
That's it. 134
That's not fair! 206
That's unheard of. 230
That's what counts. 232
There you go. 224
They broke up. 200
This way. 120
Time flies. 146
Too bad. 120

U

Uh-huh. 64
Unbelievable! 64

W

Watch out! ········· 116
Watch your step. ········· 218
Way to go! ········· 232
We made it! ········· 194
We'll see. ········· 130
Welcome. ········· 54
Well. ········· 54
What a coincidence! ········· 214
What a day! ········· 214
What a shame! ········· 184
What about it? ········· 220
What for? ········· 142
What happened? ········· 138
What's going on? ········· 218
What's it like? ········· 212
What's new? ········· 120
What's on? ········· 138
What's so funny? ········· 210
What's the difference? ········· 222
What's the matter? ········· 204
What's up? ········· 78
What's wrong? ········· 96
Whatever. ········· 56
Whatever you say. ········· 226
Who cares? ········· 130
Who knows? ········· 140
Who's calling, please? ········· 190
Why not? ········· 98

Y

Yes, please. ········· 116
You bet! ········· 110
You deserve it. ········· 188
You got it. ········· 220
You know … ········· 126
You know what? ········· 196
You look beat. ········· 194
You look familiar. ········· 202
You look nice. ········· 190
You name it. ········· 174
You never know. ········· 222
You scared me. ········· 230
You should talk. ········· 224
You, too. ········· 120
You're almost there. ········· 216

日本語さくいん

超ミニフレーズの日本語訳のさくいんです。フレーズの検索や〈日本語→英語〉の確認にご利用ください。

あ

あ〜、びっくりした。 ………… 231
ああ、またが。 ………………… 117
あきらめないで。 ……………… 233
足元に気をつけて。 …………… 219
あと一息だ。 …………………… 217
あなた！ ………………………… 59
あなたが決めてください。 …… 174
あなたに見覚えがあります。 … 203
あなたはどうですか。 ………… 162
あなたもね。 …………… 121, 209
あのね。 ………………………… 197
危なかった。 …………………… 205
ありえない！ …………………… 119
ありがとうございます。 ……… 156
あわてなくていいよ。 ………… 127

い

いい加減にしてよ！ …………… 59
いいですね！ …………………… 137
いいですよ。 ………… 18, 98, 117
いい天気ですね。 ……………… 203
いいとも！ ……………………… 111
いいね！ ………………………… 20

言い訳はだめよ。 ……………… 135
行きましょうか。 ……………… 193
急いで！ ………………………… 135
痛いっ！ ………………………… 59
一緒にどう？ …………………… 133
行ってきます。 ………………… 139
いつでもどうぞ。 ……………… 26
いつもの君でいいんだよ。 …… 231
今でしょ。 ……………………… 76
今を逃すと機会はないよ。 …… 227
いや〜！ ………………………… 32
いらっしゃい。 ………………… 55

う

うっそ〜！ ……………………… 88
うまくいけばね。 ……………… 48
うわ〜！ ………………………… 59
うん。 …………………………… 65

え

ええと。 ………………………… 158
選ぶのは君だ。 ………………… 215

お

おかげさまで。 …………… 201
お勘定をお願いします。 ……… 127
おごるよ。 ………………… 119
お先にどうぞ。 …………… 111
惜しい！ ………………… 40
お座りください。 …………… 191
おそらく。 ………………… 61
お大事に。 ………………… 109
お疲れのようですね。 ……… 195
おっしゃる通りにいたします。
　………………………… 227
おっと。 …………………… 63
お腹いっぱい。 …………… 123
お腹がぺこぺこだ。 ………… 115
お見事！ ………………… 57
おめでとう！ ……………… 34
おや、誰かと思ったら！ …… 223
お安いご用です。 …………… 137
お礼には及びません。 ……… 213
終わりましたか。 …………… 197

か

かしこまりました。 …………… 46
片づけなさい。 …………… 201
必ずそうするよ。 …………… 52
かなりですね。 …………… 186
かもね。 ………………… 125
彼らは別れちゃったよ。 …… 201
かわいそうに。 …………… 145
変わりはない？ …………… 121
乾杯！ …………………… 36
がんばってね！ …………… 113
がんばれ！ ……………… 168

き

きっとそうでしょうね。 …… 129
気にしないで。 …………… 147
君、それでいいんだよ。 …… 225
君ついてるね！ …………… 115
君は立派だ。 ……………… 213
行儀よくしなさい！ ………… 113
気をつけて！ ……………… 117

く

偶然ですね！ ……………… 215
くたくただよ。 …………… 143
グッといきましょう！ ……… 123

け

けっこういいよ。 …………… 127
けっこうです。 …………… 133
元気？ …………………… 78

こ

降参。 …………………… 217
ご遠慮なく。 ……………… 225
こちらこそ。 ……………… 147

こちらです。 …………………… 121
子供みたいだな！ …………… 139
困ったことになりました。 …… 215
ごめん。 ………………………… 16
ごめんなさい。 ……………… 129
ごゆっくりどうぞ。 ………… 213
これはたいへん！ ……… 65, 154
今度は何だよ。 ……………… 133

さ

さあ、食べて！ ……………… 111
最近どうですか。 …………… 115
最後までがんばれ！ ………… 233
さて。 …………………………… 55
賛成。 ………………………… 121
残念ながらそのようです。 …… 191

し

シートベルトを締めてね。 …… 141
しまった！ ……………………… 55
じゃあ。 ……………………… 109
じゃあ、こうしよう。 ……… 225
じゃあ、また。 ……………… 193
じゃあね。 ……………………… 80
じゃじゃーん。 ………………… 61
じゃなくて… ………………… 125
少々お待ちください。 ……… 125
冗談だよ。 …………………… 209
承知しました。 ………………… 63

信じられない！ ………………… 65
心配しないで。 ……………… 131
信用してるよ。 ……………… 223

す

好きなように使っていいよ。 … 229
すぐ行きます。 ………………… 84
すごい！ ………………… 42, 229
すごいじゃないの。 ………… 227
すてきですよ。 ……………… 191
すばらしい！ …………………… 57
すみません。 …………… 68, 119
ずるい！ ……………………… 207

せ

世間は狭いですね。 ………… 147
ぜひどうぞ。 ………………… 231

そ

そういうこともあるよ。 …… 145
そうこなくっちゃ。 ………… 229
そうしてもいいね。 ………… 176
そうです。 ……………………… 55
そうですねえ。 ………………… 55
そうですよね。 ……………… 119
そうでないならいいんだけど。
 …………………………… 199
そうでもないよ。 ……………… 82
そのうちわかるよ。 ………… 131

その調子でがんばって。 ……… 197
その通り。 ……………… 143, 221
その通りです。 ………………… 38
そのまま切らずにお待ちください。
　　　　　　　　 ……………… 141
そりゃ残念だ！ ……………… 184
そりゃそうだ。 ……………… 113
それが大切なんだ。 ………… 233
それがどうしたの？ ………… 221
それだけの価値はあるよ。 …… 233
それってどんな感じ？ ……… 213
それでかまわないよ。 ……… 217
それで全部です。 …………… 135
それはいいね！ ……………… 74
それは残念。 ………………… 121
それはそうと… ………………… 63
それは確かです。 …………… 213
それはどうかな。 …………… 182
それは何とも言えないね。 …… 223
それは難しい質問ですね。 …… 129
そんなこと、どうだっていいよ。
　　　　　　　　 ………………131, 207
そんなこといいんだよ。 …… 135
そんなの聞いたことがありません。
　　　　　　　　 ……………… 231
そんなばかな！ ………………… 50

た

たいしたことじゃないよ。 …… 113

たいしたものだ！ ………… 59, 145
大丈夫ですか。 ……………… 191
だいたいそんなところです。 … 164
だいたいね。 ………………… 102
だから言ったでしょう。 …… 207
ただいま！ …………………… 139
たとえば… …………………… 63
だと思うよ。 ………………… 147
楽しんできてね！ ………… 61, 111
頼むよ！ ……………………… 109
たぶんそうじゃないよ。 …… 133
たぶんね。 …………………… 24
黙ってやりなさい！ ………… 203
だめじゃない。 ……………… 195
誰にもわからないよ。 ……… 141

ち

ちゃんと聞くから話して。 …… 221
調子はどう？ ………………… 207
ちょうどいい。 ……………… 115
ちょっとね。 ………………… 195
ちょっと待って。 …………… 193
ちょっと待って！ …………… 125

つ

ついてませんね。 …………… 113
続けて。 ……………………… 141

て

できた！ ……………………… 100
できれば。 ……………………… 145
出て行け！ …………………… 129
手ぶらで来てください。 …… 223
テレビで何をやってる？ …… 139

と

どういたしまして。 ………… 109
どうかしましたか。 ………… 205
どうしたの？ ………………… 96
どうして？ …………………… 90
どうしてだろう。 …………… 219
どうしてもとおっしゃるなら。
　………………………………… 229
当然ですよ。 ………………… 188
どうぞ。 ……………………… 72
どうぞお入りください。 …… 197
どうぞご自由に。 …………… 86
どう違うの？ ………………… 223
どうでもいいよ。 …………… 57
どうなのかなと思って。 …… 209
どうも。 ……………………… 14
どうもありがとう。 ………… 201
どおりで。 …………………… 104
時が経つのは早いものですね。
　………………………………… 147
どちら様ですか。 …………… 191
どちらでもいいですよ。 …… 219
どっちでもいいよ。 ………… 133
とってもたくさん！ ………… 201
とにかく、ありがとう。 …… 197
どのくらいがいいか言ってください。
　………………………………… 145
とんでもない！ ………… 63, 131
とんでもないです。 ………… 172
どんなことがあっても。 …… 231

な

なつかしいなあ。 …………… 215
何があったの？ ……………… 139
何がそんなにおかしいの？ … 211
何事？ ………………………… 219
なるほど。 …………………… 229
なんて日なんだ！ …………… 215
何のために？ ………………… 143

ね

ねえ。 ………………………… 30
ねえ、知ってる？ …………… 137
念のため。 …………………… 150

は

場合によります。 …………… 106
はい、お願いします。 ……… 117
はい、チーズ。 ……………… 119
はい、どうぞ。 ……………… 199
恥ずかしがらずに。 ………… 211

ひ
人のことは言えないでしょう。
　　…………………… 225

へ
ベストを尽くしなさい。……… 199
別に。…………………………… 28

ほ
ほうっておいて。……………… 205
他に何か？……………………… 123
ほら、あの……………………… 127
本気かい？……………………… 205
本気です。……………………… 178
本当ですか。…………………… 22
本当なんだよ。………………… 219
本当にそうですね。…………… 203

ま
まあ、いいさ。………………… 135
まあ、落ち着いて。…………… 115
まあ、そんな感じかな。……… 117
まあまあだね。………………… 143
まさか！………………………… 94
また？…………………………… 61
またダメだ。…………………… 227
また後ほど。…………………… 193
また別の機会に。……………… 207
まだです。……………………… 125

間違いない？…………………… 211
待ち遠しいなあ。……………… 195
間に合った！…………………… 195

み
見ているだけです。…………… 209

む
むきになるなよ。……………… 152

も
もう？…………………………… 57
もういいよ。…………………… 123
もう一度言ってもらえませんか。
　　…………………………… 65
申し分ないね！………………… 61
もう十分です。………………… 205
申し訳ございません。………… 143
もうそのくらいでやめなさい！
　　…………………………… 199
もう食べられません。………… 123
もちろん！……………………… 44
もちろんです。………………… 111
ものすごくいいよ！…………… 65

や
約束するよ。…………………… 137
やったね！……………………… 221
やめてよ！……………………… 166

やれやれ。………………… 127

ゆ
ゆっくりでいいですよ。……… 170

よ
よいお年を！………………… 209
用意はできましたか。………… 193
よくやった！……… 109, 180, 233
よくわかったね。……………… 129
よくわかりません。…………… 160
よくわかるよ。………………… 217
喜んで。………………………… 211

わ
わかりました。……………… 70, 92
わかります。…………………… 227
わかるかい？…………………… 57
わかるんだよ。………………… 211
忘れないでね。………………… 141
私が出ます。…………………… 199
私のおごりです。……………… 225
私はそれには反対です。……… 217
私は不器用なんです。………… 221
私もそうではありません。…… 131
私もよ。………………………… 203
悪くないね。…………………… 137

●著者紹介

山崎祐一（ヤマサキ ユウイチ）(Yuichi Yamasaki)

長崎県出身。カリフォルニア州立大学サンフランシスコ校大学院修士課程修了。現在、長崎県立大学教授。専門は英語教育学、異文化間コミュニケーション。日米の国際家族に育ち、言葉と文化が不可分であることを痛感。アメリカの大学で講義を9年間担当。数々の通訳業務や映画の翻訳にも携わり、依頼講演は800回を超える。NHK総合やTBSなど、テレビや新聞などでも英語教育や異文化理解に関する解説やコメントが紹介される。TOEFL(PBT)673点（TOEIC換算990点）、TSE(Test of Spoken English)スピーキング・発音部門満点、TWE(Test of Written English)満点。著書に『瞬時に出てくる英会話フレーズ大特訓』、『ああ言えば、こう言う、すぐに使える英会話　対話ミニフレーズ300』、『先生のための授業で1番大切な英語発音』、『ネイティブが会話で1番よく使う英単語』（以上、Jリサーチ出版）など。

カバーデザイン	滝デザイン事務所
本文デザイン／DTP	江口うり子（アレピエ）
イラスト	藤井アキヒト
編集協力	Paper Dragon LLC
CD編集	財団法人 英語教育協議会（ELEC）
CD制作	高速録音株式会社

世界一やさしい
すぐに使える英会話超ミニフレーズ300

平成26年（2014年）4月10日	初版第1刷発行
令和2年（2020年）3月10日	第7刷発行

著　者	山崎祐一
発行人	福田富与
発行所	有限会社　Jリサーチ出版
	〒166-0002 東京都杉並区高円寺北2-29-14-705
	電　話　　03(6808)8801(代)　FAX 03(5364)5310
	編集部　　03(6808)8806
	http:www.jresearch.co.jp
印刷所	㈱シナノ パブリッシング プレス

ISBN978-4-86392-185-6　禁無断転載。なお、乱丁・落丁はお取り替えいたします。
© 2014 Yuichi Yamasaki, All rights reserved.